suhrkamp taschenbuch 3856

Mit Carlos Ruiz Zafón durch
Barcelona
Ein Reiseführer

von Sabine Burger, Nelleke Geel
und Alexander Schwarz

Mit Originalbeiträgen von
Carlos Ruiz Zafón

Mit zahlreichen Abbildungen

Aus dem Niederländischen von
Sabine Burger und
Alexander Schwarz

Suhrkamp

Die Originalausgabe erschien 2006 unter dem Titel
*De schaduw van de wind. Stadsgids.
Wandelingen door Barcelona*
bei Signature, Utrecht.

Umschlagfoto: Francesc Català-Roca

Die Textstellen aus *Der Schatten des Windes*
wurden von Peter Schwaar übersetzt.

Deutsche Erstausgabe
suhrkamp taschenbuch 3856
Erste Auflage 2007

Druck: Ebner & Spiegel, Ulm
Printed in Germany
Umschlag: Göllner, Michels, Zegarzewski
ISBN 978-3-518-45856-3

2 3 4 5 6 7 – 14 13 12 11 10 09

Mit Carlos Ruiz Zafón durch **Barcelona**

Inhalt

»Diese Stadt ist eine Hexe, wissen Sie, Daniel.
Sie setzt sich einem auf der Haut fest
und nimmt einem die Seele,
ohne daß man es überhaupt merkt.«

Vorwort

Daß *Der Schatten des Windes* nicht nur unsere Phantasie anregt, sondern auch die anderer, haben wir im Taxi in Barcelona selbst erlebt. Der Taxifahrer erzählte uns, daß er das Buch vor zwei Tagen ausgelesen habe, und fuhr extra einen Umweg, um uns zu zeigen, wo seiner Meinung nach die Gebäude zu finden waren, die wir suchten. Carlos Ruiz Zafón hat uns später an eine ganz andere Stelle geführt, aber der Vorfall zeigt sehr eindrücklich, wie jeder Leser sich ein eigenes Bild des Romans macht.

Carlos Ruiz Zafón bringt uns mit seinem Buch an Orte, die man ansonsten nicht ohne weiteres aufsuchen würde. Einige sind sehr reizvoll und haben keine weitere Erklärung nötig, während andere ihre Attraktivität vor allem dem Roman verdanken und uns einladen, die Geheimnisse zu suchen, die sich dahinter verbergen könnten.

Wir möchten Carlos Ruiz Zafón herzlich danken für die Zeit, die er sich genommen hat, um uns sein Barcelona zu zeigen. Er hat uns zu den wichtigsten Orten aus dem Buch begleitet, hat Geschichten über die Stadt und sich selbst erzählt, aber er läßt dem Leser auch Raum für seine eigene Phantasie.

Die meisten der beschriebenen Punkte liegen in der Innenstadt, und es kann jedem selbst überlassen werden, wo er anfängt. Alles liegt ziemlich dicht beieinander und ist gut zu Fuß erreichbar. Um die Straßen und Orte in der Stadt leicht zu finden, sind diese in katalanischer Sprache angegeben – so wie man sie auch vorfindet –, auch wenn das manchmal abweicht von den Namen im Roman, der auf spanisch geschrieben ist.

Außer den touristischen finden Sie in diesem Führer auch andersartige Informationen. Die Texte in den Blöcken, die mit einer Laterne gekennzeichnet sind, sind Zitate, die aus dem Roman *Der Schatten des Windes* stammen. Die mit einem Drachen markierten Texte sind Auszüge aus den Gesprächen, die wir mit Carlos Ruiz Zafón für diesen Stadtführer geführt haben. Die Passagen, die mit einer aufgehellten Überschrift versehen sind, beziehen sich nicht direkt auf den Roman, erschienen uns jedoch einer Erwähnung wert.

Wir laden Sie dazu ein, in die Bilder und Geschichten der Stadt einzutauchen und Ihr persönliches Barcelona zu entdekken, und wir hoffen vor allem, daß Sie viel Freude in dieser schönen und lebendigen Stadt haben werden.

Sabine Burger
Nelleke Geel
Alexander Schwarz

Mein Vater und ich lebten in einer kleinen Wohnung in der Calle Santa Ana beim Kirchplatz. Die Wohnung lag direkt über der von meinem Großvater geerbten, auf Liebhaberausgaben und antiquarische Bücher spezialisierten Buchhandlung, einem verwunschenen Basar, der, wie mein Vater hoffte, eines Tages in meine Hände übergehen würde.

Buchhandlung Carrer de Santa Anna

Von der Straße Carrer de Santa Anna aus gesehen führt ein Durchgang mit einem Blumenwagen zum obengenannten Kirchplatz und zur Kirche selbst. Als mögliches Vorbild für die Buchhandlung aus dem Roman dienen die beiden kleinen Läden links vom Durchgang: mit schönen alten Fassaden und eingerichtet wie in alten Zeiten – und beide mit der Hausnummer 27. Die Wohnung würde oberhalb der Läden liegen, und wenn man den Kirchplatz betritt, sieht man ihre Rückseite, die sich dann über dem Blumenwagen befindet. Man blickt auf ein älteres, etwas trauriges Haus und kann sich leicht vorstellen, wie Daniels Vater im Licht einer einzigen Lampe in seinem alten Sessel auf Daniels Rückkehr wartet, ein vergessenes Buch auf seinem Schoß.

Eine Buchhandlung war und ist hier allerdings nicht zu finden, an anderen Stellen in der Innenstadt gibt es jedoch einige davon, die zusammen mit den alten Fassaden der Nummern 27 möglicherweise als Inspirationsquelle gedient haben, um die Buchhandlung von Daniels Vater lebendig werden zu lassen.

Llibreria Rodés

Ein recht kleiner Laden mit wunderschönen, altmodischen

Die Wohnung der Semperes, mit Blick auf Santa Anna

Das Portal der Kirche Santa Anna

Die Namenspatronin über dem Eingang

Wenn man eine Straße wie diese hier sieht, hat man fast das Gefühl, in einer Art Disneyland herumzulaufen, aber so war das früher überhaupt nicht. Dies war kaum mehr als eine verlassene, dunkle Gasse. Heutzutage ist die ganze Gegend auf Hochglanz poliert, und alles ist voller Menschen. In meiner Kindheit gab es hier keine Touristen. Damals war das keine sehr schicke Gegend. Es gab zwar ein paar Läden, aber es war vor allem ein Wohnviertel, das zudem Stück für Stück einzustürzen drohte. Jetzt dagegen sieht es fast aus wie ein Bühnenbild.

Bücherschränken, die bis zum letzten Millimeter vollgestopft sind. Hier gibt es auch alte Ansichtskarten mit Abbildungen vom Barcelona der letzten hundert Jahre.

Carrer dels Banys Nous, 8

Llibreria Almirall

Wenn man diese Buchhandlung betritt, scheint es fast, als tauche man in eine andere Zeit ein. Die alte Fassade des Gebäudes ist prächtig verziert, und die Einrichtung ist von den Bücherregalen bis hin zur Kasse wunderbar in altem Stil gehalten.

Carrer de la Princesa, 16

Die stimmungsvolle Buchhandlung Almirall

Llibreria Sant Jordi

Diese kleine Buchhandlung mit einer weißlackierten Holzeinrichtung ist auf Architektur-, Kunst- und Designbücher spezialisiert.

Carrer de Ferran, 41

Llibreria Canuda

Direkt neben dem Athenäum befindet sich eine geräumige, antiquarische Buchhandlung, die eine große Auswahl bietet.

Carrer de la Canuda, 4, www.libroscanuda.com

Església de Santa Anna

Das Kloster aus dem 12. Jahrhundert wird seit dem 19. Jahrhundert nicht mehr als solches genutzt. Die Klostergebäude

Das ist die Kirche, in der Bea und Daniel heiraten, in der Fermín zunächst den Priester in die Kirche zerrt, weil dieser sich wegen der Schwangerschaft der Braut weigert, die Trauzeremonie abzuhalten, um danach Pater Fernando Ramos aufzubieten, der in seinem ganzen Leben noch keine Trauung vollzogen hat. Hier bekommt Fermín von dem Blumenhändler die weiße Nelke, die er am Revers trägt, bis sie zu Staub zerfällt. Übrigens habe auch ich selbst hier geheiratet. Meine Frau hat es sich so gewünscht.

Nach dem Jawort in der Església de Santa Anna

sind allerdings erhalten geblieben, und man kann den Kapitelsaal für besondere Anlässe mieten. Die daran anschließende, ursprünglich romanische und später im gotischen Stil erneuerte Kirche wird für Gottesdienste, Hochzeiten und Musikaufführungen genutzt und bietet dafür eine äußerst stimmungsvolle Umgebung. Auch Jahrzehnte nach der Hochzeit von Bea und Daniel ist dies noch immer ein reizvoller Ort.

Avinguda del Portal de l'Àngel

Die Avinguda del Portal de l'Àngel ist eine moderne Einkaufsstraße, in der man die gleichen Geschäfte wie in anderen europäischen Großstädten findet, doch sind die alten Laternen erhalten geblieben. Daher ist es nachts, wenn die Straßen sich geleert haben, nicht schwierig, sich Daniels Schrekken vorzustellen, als er die unheilvolle Gestalt wahrnimmt, die auf sein Haus starrt, während sich nur die glimmende Zigarette in der Dunkelheit bewegt.

Es lohnt sich sicherlich, außer den Ramblas und der Avinguda del Portal de l'Àngel, die man natürlich wenigstens einmal entlanggehen sollte, auch einige der Seitenstraßen in diesem Gebiet zu erkunden, wie den Carrer de la Canuda, Carrer d'En Bot, Carrer del Duc de la Victòria, Carrer de Portaferrissa und den Carrer dels Boters. Alle diese Straßen gehören zur Haupteinkaufszone, doch bieten sie eine etwas größere Chance, ausgefallene Geschäfte zu entdecken, als die breite Avinguda selbst.

Dasselbe gilt auch für die Stra-

Ich verspürte keine Müdigkeit und mochte sie auch nicht anlocken. Ich ging zum Balkon und lehnte mich hinaus, bis ich den dunstigen Schein sah, den die Straßenlaternen in der Puerta del Àngel aussandten. Die Gestalt hob sich von einem Stück Schatten ab, das reglos auf dem Straßenpflaster lag. Das schwache rötliche Glimmen einer Zigarettenglut spiegelte sich in ihren Augen. Sie war dunkel gekleidet, eine Hand steckte tief in der Jackentasche, die andere führte die Zigarette, die eine blaue Rauchwebe um ihr Profil spann. (...) In der Szene, die ich eben erlebt hatte, war dieser Fremde vielleicht irgendein Nachtschwärmer, eine gesichts- und belanglose Gestalt. In Carax' Roman war der Fremde der Teufel.

ßen und Gäßchen um die Plaça del Pi und die Plaça de Sant Josep Oriol, wo die Església de Santa Maria del Pi steht, die ebenfalls einen Besuch wert ist. Vielleicht kommen Sie gerade rechtzeitig zu einem Gitarrenkonzert oder mitten in einen Gottesdienst. Außerdem gibt es hier jede Menge Spezialgeschäfte. Auf den obengenannten Plätzen finden häufig Märkte statt, auf denen Gebrauchtes und Antiquitäten, Souvenirs oder biologische Produkte der Bauern aus der Umgebung verkauft werden. Auch an Terrassen, Bars und Restaurants mangelt es in dieser Umgebung nicht.

Im Schatten einer Straßenlaterne

L'Ateneu Barcelonès

Das Athenäum ist heute Sitz einer Kulturstiftung und beherbergt eine große Bibliothek. Die verschiedenen Räume werden für Konferenzen und Kurse genutzt. Es gibt einen Innenhof und einen Garten, aber leider sind die meisten Teile des Gebäudes für Besucher nicht frei zugänglich. Beim Eingang kann man sich dennoch eine Vorstellung davon machen, wie der

Gegen Abend, als es noch um dreißig Grad war, zog ich mit meinem Buch unter dem Arm und einem Schweißvorhang auf der Stirn los, Richtung Calle Canuda und Athenäum zur Verabredung mit Barceló. Das Athenäum war – und ist – einer der vielen Winkel Barcelonas, wo das 19. Jahrhundert noch nichts von seiner Pensionierung mitbekommen hat. Die steinerne Vortreppe führte von einem höfischen Patio zu einem geisterhaften Netzwerk aus Galerien und Lesesälen empor, wohin neumodische Erfindungen wie Telefon, Eile oder Armbanduhr noch nicht vorgedrungen waren. Der Pförtner, oder vielleicht war es bloß eine Statue in Uniform, zuckte bei meinem Kommen kaum mit der Wimper. Ich glitt in den ersten Stock hinauf und pries die Flügel eines Ventilators, der inmitten von eingeschlummerten, auf ihren Büchern und Zeitungen wie Eiswürfel schmelzenden Lesern schnurrte.

Rest des Bauwerks aussieht, und mit ein bißchen Glück findet gerade eine Ausstellung statt.
Carrer de la Canuda,
Ecke Plaça de la Vila de Madrid,
www.ateneubcn.org

Beschädigt, aber immer noch lesbar

Nur ein paar Meter weiter auf der Plaça de la Vila de Madrid sind Überreste eines Friedhofs aus der römischen Zeit Barcelonas zu sehen.

Carrer de Petritxol

Es lohnt sich auf jeden Fall, gemütlich den Carrer de Petritxol entlangzuschlendern, denn er ist eine lebendige Straße mit vielen Geschäften, Galerien und Bars. Noch immer sind dort eine Reihe von *Granjas* zu finden, in denen man ursprünglich Milchprodukte kaufen konnte. Jetzt kann man hier Kaffee, Milchshakes, Kuchen und Gebäck genießen. Wer in die Atmosphäre des Romans eintauchen will, sollte durch den Carrer d'En Roca gehen, der parallel zum Carrer de Pe-

Clara setzte sich liebend gern hin, um dem Murmeln der Leute im Kreuzgang zuzuhören und das Echo der Schritte in den umliegenden Gäßchen zu erraten. (...) Oft faßte sie mich unter, und ich geleitete sie durch unser persönliches Barcelona, das nur sie und ich sehen konnten. Immer landeten wir in einer Milchbar in der Calle Petritxol, wo wir einen Teller Schlagsahne oder eine heiße Schokolade mit Rahm und Honigpfannkuchen teilten.

tritxol verläuft. Hier gibt es keine Geschäfte und Bars, dafür alte Häuser mit Heiligenstatuen an den Fassaden, vor denen die Wäsche flattert.

Plaça Sant Felip Neri

Der Platz liegt tatsächlich etwas versteckt hinter der Kathedrale. Ein Zugang zum Platz liegt zwischen der Sant-Sever-Kirche und dem Palau del Bisbat, den zweiten Durchgang findet man vom Carrer de Sant Sever aus. Man übersieht die beiden Zugänge fast, so unauffällig sind sie. Der Platz selbst ist merkwürdig still und abgeschnitten vom Lärm der Stadt. In der Mitte stehen ein großer Baum und ein Brunnen. Die Wunden in den Mauern sind noch immer sichtbar und verleihen der Kirche ein verwittertes Aussehen. Viele Leute denken, daß sie von Gewehrkugeln stammen. In Wirklichkeit schlug im Spanischen Bürgerkrieg eine Fliegerbombe mitten auf dem Platz ein. Die Schulkinder, die zu diesem Zeitpunkt auf dem Platz spielten, und die Kinder im angrenzenden Schulgebäude haben diesen Angriff nicht überlebt.

Nurias vermeintliche Wohnung liegt in einem der Stockwerke in dem Gebäude, das gegenüber dem Restaurant des Hotels Neri steht. Die etwas bedrückende, düstere Umgebung bildet den perfekten Rahmen für Nurias Charakter, hat sie doch ihren Blick immer auf die Vergangenheit gerichtet.

Nurias Wohnung: das Fenster links oben

Die hinter den alten römischen Stadtmauern versteckte Plaza de San Felipe Neri ist nur gerade ein Luftloch im Labyrinth der Sträßchen des Gotischen Viertels. Die Mauern der Kirche sind übersät mit Einschußlöchern des Maschinengewehrfeuers aus den Tagen des Krieges. An diesem Morgen spielte eine Gruppe kleiner Jungen Soldaten. Eine junge Frau, deren Haar von silbernen Strähnen durchzogen war, saß mit einem halbaufgeschlagenen Buch in den Händen auf einer Bank und ließ den Blick zwischen den Jungen hindurch ins Unbestimmte schweifen. Gemäß meinen Angaben wohnte Nuria Montfort in einem Haus eingangs des Platzes. Auf dem geschwärzten Steinbogen über der Tür konnte man noch das Baujahr lesen: 1801.

Jüdisches Viertel Call

Die Plaça Sant Felip Neri liegt neben dem früheren jüdischen Viertel Call, das begrenzt wird durch den Carrer del Call, Carrer Arc de Sant Ramon, Carrer Sant Honorat, Carrer Sant Sever und Baixada Santa Eulàlia. Von den jüdischen Wurzeln ist in Barcelona auf den ersten Blick nicht mehr viel zu spüren. Die Juden hatten enge Handelsverbindungen mit dem Nahen Osten und Nordafrika, weshalb ihnen einen wichtige wirtschaftliche Bedeutung zukam. Am 5. August 1391 wurde das Viertel von einer plündernden und mordenden Meute überfallen. Eine Dekade später wurden die Juden gezwungen, sich woanders niederzulassen. Dennoch konnten sie sich im Mittelalter noch in der Stadt halten. Die spanische Inquisition verfolgte die Juden systematisch, was zu einem langsamen Verschwinden der jüdischen Kultur beitrug. Nachdem sich die Inquisition 1482 in Barcelona niedergelassen hatte, verschlechterte sich die Lage der dort lebenden Juden weiter, und 1492 zwangen die spanischen Könige Isabella und Fer-

Jüdische Geschichte – und das Heute

Stille Zeugen alter Wunden

dinand – die *Reyes Católicos* – die jüdische Bevölkerung, entweder zum Christentum überzutreten oder das Land zu verlassen. Viele Juden verließen Spanien daraufhin und nahmen ihre Handelskontakte und ihre Kenntnisse mit.

Die Hauptsynagoge (Carrer Marlet, 5) ist heutzutage wieder zugänglich. Der Keller, in dem Überreste der Synagoge entdeckt wurden, wurde jahrelang als Lagerraum für Elektroartikel benutzt. 1995 hat die Stiftung Associació Call de Barcelona das Gebäude nach Hinweisen eines Historikers gekauft.

Die Fassade ist nach Südosten (Jerusalem) ausgerichtet, und bei weiteren Ausgrabungen machte man Funde aus der Römerzeit, was darauf hinweisen könnte, daß die Synagoge die älteste Europas ist. Von dem Gesamtkomplex sind nur Teile erhalten geblieben, da über die Jahrhunderte vieles abgerissen und neu errichtet worden ist.

Auch im Carrer dels Banys Nous sind noch Überreste der jüdischen Vergangenheit zu finden, denn hier lagen die traditionellen Bäder. In der Hausnummer 10 (S'Oliver, Einrichtungsgeschäft) kann man jetzt, wo früher die *Mikwe* der Männer war, modernes Mobiliar erwerben, und wo sich Carrer dels Banys Nous und Carrer de la Palla kreuzen, ist unten im Café Caelum der Raum zu sehen, in dem die Frauen sich reinigten. Jetzt ist es ein Café mit

Es gibt einen Fahrstuhl zum Dach der Kathedrale, und ich war mal mit einem Freund dort oben. Nur wenige Stellen sind frei zugänglich, und wir haben uns, ohne es zu merken, verirrt und liefen um die Türme herum, bis wir erwischt wurden. Wenn man oben steht und nach unten schaut, entsteht ein seltsam komprimiertes Bild von der Stadt, die sozusagen um einen herumsaust.

Laden, in dem Produkte aus verschiedenen Frauenklöstern verkauft werden (Carrer de la Palla, 8).
www.calldebarcelona.org

Catedral de la Seu

Auf einem Spaziergang durch das Barri-Gòtic-Viertel kommt man unvermeidlich an der Catedral de la Seu vorbei. Die Kathedrale hat eine sehr wechselhafte Vorgeschichte: Sie steht an einer Stelle, an der vormals die Römer einen Tempel gebaut hatten. Frühchristliche Spuren lassen sich bis ins 6. Jahrhundert zurückverfolgen, als hier eine christliche Kirche stand, die später von den Mauren zerstört wurde, um dort ihr eigenes Gebetshaus zu errichten. Im 11. Jahrhundert wurde mit dem Bau einer romanischen Kirche begonnen. 1298 wurden die ersten Pläne für die gotische Kathedrale entworfen, die jetzt in ihrer ganzen Pracht zu sehen ist. Der Bau hat sich bis zum Ende des 19. Jahrhunderts hingezogen, denn erst dann war das letzte Geld gesammelt, um die Fassade mit dem Eingang zur Plaça de la Seu fertigzustellen.

In der ersten Kapelle, auf die man beim Betreten der Kathedrale stößt, befindet sich der berühmte Christus von Lepanto. Diese geschnitzte Holzfigur aus dem 15. Jahrhundert wurde von Don Juan d'Austria, dem außerehelichen Sohn von Karl V., 1571 auf seinem Flaggschiff in die Seeschlacht bei Lepanto geführt, die mit dem Sieg der Christenheit über das türkische Reich endete. In der Krypta liegt das Grab der Santa Eulàlia, der Schutzpatronin Barcelonas, im Chorraum stehen mit prächtigen Holzschnitzereien verzierte Bänke aus dem 14. Jahrhundert, und der Kreuzgang bietet Abkühlung durch einen kleinen Innenhof mit einem Brunnen und Bäumen. Hier laufen dreizehn Gänse frei herum, die an den Märtyrertod der heiligen Eulàlia erinnern sollen. Die Heilige wurde im 4. Jahrhundert im Alter von 13 Jahren von den Römern

Der Buchhändler und seine Nichte teilten sich eine Prachtwohnung auf der Plaza Real. (...) Mit Gepränge und Würde führte mich die Bernarda durch das Heim der Barcelós. Die Wohnung, die im ersten Stock lag, nahm die Fläche des ganzen Gebäudes ein und beschrieb einen Kreis von Galerien, Salons und Gängen, der mir, da ich an unsere bescheidene Familienwohnung in der Calle Santa Ana gewöhnt war, wie eine verkleinerte Ausgabe des Escorials vorkam.

grausam gefoltert und ermordet.

Eine besondere Aussicht über die Stadt bietet ein Besuch der Dachterrasse (mit dem Fahrstuhl erreichbar). Wer möchte, kann noch weiter hinaufsteigen auf die Plattform des Hauptturms.

Plaça de la Seu,
www.catedralbcn.org
www.website.es/catedralbcn

Plaça Reial

Von der Rambla dels Caputxins aus erreicht man die Plaça Reial, einen wunderschönen Platz, der wegen der vielen typischen Cafés und Restaurants sowohl Touristen als auch die lokale Bevölkerung anzieht. Der elegante Platz ist Mitte des 19. Jahrhunderts an der Stelle eines ehemaligen Kapuzinerklosters entstanden. Ihn schmükken schlanke Palmen, Arkaden und neoklassizistische Fassaden, hinter denen man schicke Appartements vermutet. Der Brunnen der Drei Grazien und die dazugehörigen Laternen wurden von Gaudí entworfen. Es fällt leicht, sich vorzustellen, daß Barceló und Clara aus *Der Schatten des Windes* an einem Ort wie diesem das elegante und kulturell vielseitige Leben des gehobenen Bürgertums pflegten. Unter den Arkaden des Platzes trifft Daniel auch zum erstenmal Fermín Romero de Torres.

Plaça Reial, aus diesen Fenstern klang das Klavierspiel Claras

Der Mond bewacht die Plaça de Sant Jaume

Plaça de Sant Jaume

Dieser großzügige Platz mitten in der alten Innenstadt ist das politische Herz Barcelonas. Der Palau de la Generalitat, der Sitz der autonomen Regierung Kataloniens, und der Ajuntament, das Rathaus mit der Stadtverwaltung, stehen sich hier genau gegenüber. Zu Beginn des 19. Jahrhunderts hat die Stadtverwaltung beschlossen, etwas mehr Struktur in das Chaos der Innenstadt zu bringen und einen Platz für feierliche Anlässe anzulegen, um so die Bedeutung von Generalitat und Ajuntament hervorzuheben. Die romanische Gemeindekirche Sant Jaume mußte diesem Ziel weichen und wurde 1823 abgerissen.

Ajuntament

Das Rathaus mit seiner neoklassizistischen Fassade weist eine Vermischung von Stilen auf. Die ältesten Teile sind gotischer Bauweise. Die Sala dels Cents Jurats stammt aus dem Jahr 1373, den Saló de Cròniques schmückt eine Wandmalerei von Josep Maria Sert. Hier regierte der Consell de Cent, ein repräsentativer Rat der Hundert (hundert Bürger aus allen Schichten der Bevölkerung), eines der ältesten demokratischen Organe Europas.
Im Erdgeschoß befindet sich eine Niederlassung der Touristeninformation, so daß man einen ersten Einblick ins Innere des Gebäudes erhält. An Samstagen und Sonntagen werden Führungen angeboten.

Palau de la Generalitat

Dieses prächtige Gebäude ist ein Palast, der zwischen dem 15. und 17. Jahrhundert fortwährend erweitert wurde, wodurch eine Mischung von Stilen mit gotischen, Renaissance- und Barockelementen entstand. Höhepunkte sind der Pati dels Tarongers, ein Innenhof mit Orangenbäumen, die Sala Daurada und der Saló de Sant Jordi.

Das Gebäude ist für die Öffentlichkeit leider nur sehr eingeschränkt zugänglich.
Die Plaça de Sant Jaume wird mit den Ramblas durch den Carrer de Ferran verbunden, eine lebendige Einkaufsstraße mit vielen kleinen Geschäften und allerlei Speiselokalen. Zur Via Laietana führen der Carrer Jaume I oder der Carrer de la Llibreteria, der etwas später übergeht in die Baixada de la Llibreteria.

Mesón del Café

Ein netter Ort für einen Besuch ist dieses winzige Café. Außer diversen Sorten Kaffee, auf Wunsch mit einem Schuß Alkohol, bekommt man dort *Churros* oder *Xurros*, frittierte Teigstücke, die mit Puderzucker bestäubt serviert werden oder mit einer dickflüssigen, heißen Schokolade, die schon fast die Konsistenz warmen Puddings hat.
Baixada de la Llibreteria, 16

Cereria Subirà

Unzählbare Sorten Kerzen und Wachskreationen sind in diesem schönen, etwas altmodisch wirkenden Laden zu kaufen, der hier bereits seit über 150 Jahren ansässig ist.
Baixada de la Llibreteria, 7

»Ist alles in Ordnung?« fragte eine Stimme im Schatten. Es war der Bettler, dem ich kurz zuvor die Hilfe versagt hatte. Beschämt wich ich seinem Blick aus und nickte. Dann wollte ich loslaufen. (...)
»Ich habe etwas Kognak. Er ist nicht schlecht. Trinken Sie ein bißchen. Das wird Ihnen helfen, sich aufzuwärmen.« (...)
»Fermín Romero de Torres, Beamter im Wartedienst. Sehr erfreut, Sie kennenzulernen.«
»Daniel Sempere, Riesentrottel. Das Vergnügen ist ganz meinerseits.«
»Verkaufen Sie sich nicht unter Ihrem Wert. In solchen Nächten sieht alles viel schlimmer aus, als es ist. Auch wenn Sie es nicht glauben werden, ich bin ein geborener Optimist. Ich zweifle nicht im geringsten daran, daß die Tage des Regimes gezählt sind. (...) Und ich werde meine Stelle, den Ruf und die verlorene Ehre wiedererlangen.«
»Was haben Sie denn beruflich gemacht?«
»Geheimdienst. Hochspionage.« (...)
Ich nickte. Noch ein Verrückter. Barcelonas Nacht sammelte sie scharenweise.

El Raval

Las Ramblas

Wer an Barcelona denkt, denkt an die Ramblas, den breiten Boulevard von fünf aneinander anschließenden Straßen, der das Hafengebiet mit der Plaça Catalunya verbindet. Aus der Vogelperspektive bilden die vielen Bäume der Ramblas ein grünes Band, das sich zwischen den Häuserblöcken hindurchwindet.

Der Name ist vom Arabischen abgeleitet und bedeutet ursprünglich »Flußbett«. Ursprünglich war an dieser Stelle ein Graben, der entlang der mittelalterlichen Stadtmauer verlief, um den Abfall abzuführen. Erst im 18. Jahrhundert wurde der Graben zugeschüttet und statt dessen eine gepflasterte Straße angelegt.

Die heutigen Namen, Rambla de Santa Mònica, Rambla dels Caputxins, Rambla de Sant Josep, Rambla dels Estudis und Rambla de Canaletes, erinnern an die Namen von Klöstern und Kirchen, an denen die Straßen früher vorbeiführten. Diese Gotteshäuser waren seit dem 15. Jahrhundert außerhalb der Stadt gebaut worden, womit bereits damals die Stadterweiterung im Westen begann.

In diesem Teil der Stadt wurde auch der Mercat de la Boqueria gebaut (Ramblas, 89), der berühmte Markt gleich beim Palau de la Virreina. Hierher kamen die Bauern der umliegenden Dörfer, um direkt hinter

Überfluß auf dem Mercat de la Boqueria

der Stadtmauer ihre Produkte an die Bewohner Barcelonas zu verkaufen. Als die Stadt zu Beginn des 18. Jahrhunderts erweitert wurde und in diesem Gebiet mehr und mehr Straßen angelegt wurden, blieb der Markt dort bestehen, da eine ständig wachsende Zahl von Einwohnern großen Bedarf an frischen Lebensmitteln hatte. Immer noch ist es ein Lebensmittelmarkt, auf dem Obst, Gemüse, Fisch, Fleisch, Wurstwaren und andere Delikatessen verkauft werden. Der schmiedeeiserne *Modernista*-Eingang ist ein beliebtes Fotomotiv.

Links vor dem Eingang können Sie sich kulinarisch verwöhnen lassen: Eigentlich ist es nicht mehr als eine Theke mit ein paar Barhockern, wo frische Riesengarnelen, Tintenfisch und andere Fischsorten mit viel Knoblauch, Zitrone und Petersilie zubereitet werden. Die Warteschlange kann recht lang sein, denn um die Mittagszeit herrscht hier ein regelrechtes Gedränge, aber glücklicherweise geht alles recht schnell, und das geschickte Manövrieren der Männer im Verkaufswagen und ihre lautstarke Kommunikation sollte man sich nicht entgehen lassen.

Mit dem Bau des Boulevards entstanden auch die ersten gro-

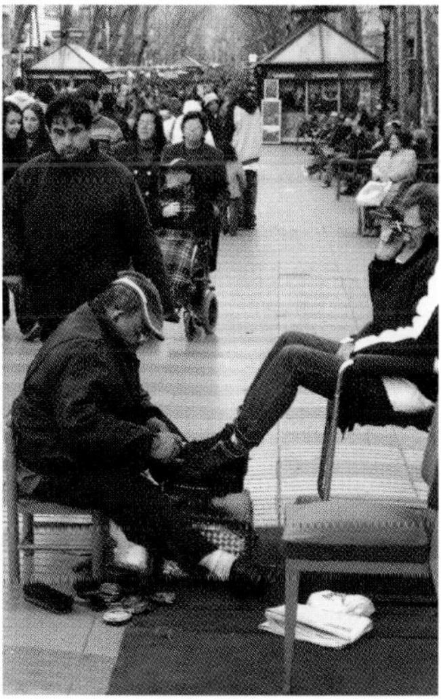

Blitzblanke Schuhe für den ›Paseo‹

ßen Herrenhäuser und Paläste an den Ramblas. Reich geworden in den amerikanischen Kolonien oder durch den Überseehandel, kamen einige Familien zurück und wollten standesgemäß wohnen. Ein besonderes Beispiel hierfür ist der obengenannte Palau de la Virreina (Ramblas, 99). Der Auftraggeber Manuel d'Amat i de Junyent, reich geworden als Vizekönig von Peru, konnte bis zu seinem Tod 1782 letztendlich nur vier Jahre das Leben in seinem Palast genießen. Da das Gebäude danach in den Besitz seiner Witwe überging, wurde es umgetauft in »Palast der Vizekönigin«, Palau de la Virreina.

Die Casa March de Reus (Ramblas, 8), um 1780 erbaut für die steinreiche Familie March aus Reus, setzte durch ihre Eleganz Maßstäbe für viele weitere herrschaftliche Häuser, die hier gebaut worden sind.

Der Palau Moja (Ramblas, 118) übertraf jedoch die Casa March. Wer auf den Ramblas einen Wohnsitz errichten ließ, konnte es sich erlauben, das Gebäude sowohl innen als auch außen reich zu dekorieren, und jeder versuchte die Nachbarn in Grundfläche oder besonderer Ausstattung zu übertrumpfen.

Jeder Abschnitt der Ramblas hat seine Besonderheiten. Die Vogelverkäufer stehen auf der Rambla dels Estudis, die Rambla de Sant Josep wird der vielen Blumenverkäufer wegen

Eine Straßenartistin lockt die männlichen Spaziergänger

auch La Rambla de les Flors genannt. Das mittlere Stück der Ramblas wird von Straßenkünstlern bevölkert, die ihr Geld als lebende Statuen verdienen, die Porträtmaler haben sich unweit des Hafens niedergelassen.

Über die gesamte Länge – wie übrigens überall in der Stadt – sind Kioske zu finden mit (internationalen) Zeitschriften, Zeitungen, Büchern, Postkarten und Souvenirs, und überall gibt es Straßencafés. Diese werden vor allem von Touristen besucht, und die Preise sind durchgängig höher als in den Restaurants. Aber es ist natürlich eine ausgezeichnete Gelegenheit, Menschen zu beobachten und die Sonne zu genießen. Auf der Rambla nahe der Plaça Catalunya stehen sogar Stühle, um sich zu setzen und dem Treiben auf der Straße zuzuschauen. Dort sind oft kleine Gruppen von Pensionären zu finden, die über die aktuellen Ereignisse plaudern oder einige verbale Seitenhiebe auf Lokalpolitiker austeilen.

Regelmäßig stehen auf der Rambla in der Nähe des Kolumbusdenkmals Verkaufsstände mit Geschenkartikeln wie Schmuck, Keramik, Lederwaren und Kleidung, wodurch noch mehr Menschen zum

Es war ein prächtiger Tag mit einem tiefblauen Himmel und einer klaren, frischen Brise, die nach Herbst und Meer roch. Mein Lieblingsbarcelona war schon immer das im Oktober gewesen, wenn seine Seele spazierengeht und man bereits weiser wird, wenn man nur vom Canaletas-Brunnen trinkt, dessen Wasser in diesen Tagen wie durch ein Wunder nicht einmal nach Chlor schmeckt.

Boulevard gelockt werden.

Ein Besuch der Ramblas lohnt sich zu jeder Tageszeit, aber vielleicht am meisten am Wochenende zum Zeitpunkt des traditionellen Nachmittagsspaziergangs, dem *Paseo*. Für diesen Anlaß werden die Sonntagskleider herausgeholt, und man flaniert mit den Kindern und der gesamten Familie über die Ramblas.

Am frühen Morgen, wenn die Zeitungskioske ihre Lieferungen erhalten, tauchen die Nachtschwärmer auf, um sich eine druckfrische Zeitung zu besorgen.

Plaça Catalunya

Hier enden die Ramblas am zentralen Platz der Stadt. Es ist nicht nur ein Verkehrsknotenpunkt der Bus- und U-Bahn-Linien, es ist auch der Platz, der die Stadtviertel Eixample und Barri Gòtic verbindet. Eine Filiale des bekannten Warenhauses Corte Inglés befindet sich hier, und wenn der FC Barcelona gewonnen hat, strömen alle Fans traditionell zur Font de Canaletes am Kopf der Ramblas, um den Sieg zu feiern. Viele Gäste zieht auch das berühmte Café Zurich an, das in Barcelona jeder kennt. Die Touristeninformation sowie eine Informationsstelle des Centre del Modernisme sind hier untergebracht. Das recht neue Einkaufszentrum El Triangle sorgt noch für weiteren Zulauf. Die Mitte des Platzes ist frei gelassen, auf den Bänken sitzen Leute, die sich unterhalten oder die Sonne genießen. Bei winzigen Ständen kann man *Pipas* kaufen, um die Tauben zu füttern. Ein Ort, um ein wenig zur Ruhe zu kommen, trotz des vielen Verkehrs um den Platz herum.

Rambla de les Canaletes

Dort findet man einen Brunnen, der eigentlich eher wie eine altmodische Wasserpumpe aussieht. Wer sein Wasser trinkt, wird sich in die Stadt verlieben und nach Barcelona zurückkehren, sagt man.

Touristeninformationsstellen

Die Hauptstelle der Touristeninformation befindet sich unter der Plaça Catalunya, aber dieser Kiosk hier bietet im Prinzip die gleichen Dienste an.

Ramblas, 115

Pastisseria Escribà / Antigua Casa Figueras

Eine Konditorei, in einem wunderschönen alten Haus, wo außer dem berühmten Gebäck und den eleganten Schokoladenkreationen auch die beliebten Fingerringe aus Zuckerware verkauft werden.

Ramblas, 83, www.escriba.es

Miró-Mosaik

In Barcelona liegt die Kunst buchstäblich auf der Straße: Ungefähr in der Mitte der Ramblas, bei der Plaça de la Boqueria, laufen täglich unzählige Füße über ein Mosaik aus Straßensteinen des bekannten Künstlers Joan Miró.

Gran Teatre del Liceu

Bereits seit ihrer Eröffnung 1847 ist die Oper eine Institution von hohem Ansehen. Die gehobenen Bürger trafen sich hier, um ihrem guten Geschmack und ihrem Sinn für Kultur Ausdruck zu verleihen. Der Bau wurde durch private Spenden finanziert, genauso wie auch die Restaurierung nach dem Brand im Jahr 1861.

1994 wurde die Oper wiederum von einem heftigen Brand zerstört. Es dauerte sechs Jahre, bevor das Gebäude erneut in al-

Der Friedhof der vergessenen Bücher ist reine Fiktion. Aber fast wäre er das nicht geblieben, denn während einer Rede auf einem Empfang anläßlich der Festes de la Mercè machte der Bürgermeister eine kleine Anspielung, weil wir uns vorher noch spaßeshalber über die Idee unterhalten hatten. Also sagte er, daß viele Menschen von diesem Friedhof fasziniert seien und er darum vielleicht gebaut werden müsse. Am nächsten Tag stand prompt in den Zeitungen, daß die Stadt den Friedhof bauen werde. Wir dementierten das sofort, aber es gab tatsächlich Leute, die von der Idee begeistert waren. Der Vorsitzende des Theaterunternehmens, das unter anderem die Eröffnungszeremonie der Olympischen Spiele organisiert hat, war von meinem Buch geradezu besessen. Er wollte eine Art ständige Ausstellung machen, und da er bei der Stadt auf offene Ohren stieß, haben sie mir einen Plan vorgelegt. Letztendlich konnte er mich nicht überzeugen, und so wurde nichts daraus.

Zugang zum Mysterium

tem Glanz erstrahlen konnte, zusätzlich wurde ein neuer Flügel angebaut.

Im Souterrain sind ein Souvenirladen und ein Bistro untergebracht, in dem eine kleine Auswahl an Gerichten angeboten wird.

Das Opernhaus kann außer zu Vorstellungen auch im Rahmen einer Führung besucht werden.

Ramblas, 51-59,
www.liceubarcelona.com

Carrer de l'Arc del Teatre

Auf der Rambla de Santa Mònica finden Sie bei der Plaça del Teatre den Eingang zum Carrer de l'Arc del Teatre, der Gasse, in der im Roman der Friedhof der vergessenen Bücher liegt. Von einem Friedhof ist dort jedoch nichts zu sehen. Nach Ansicht von Carlos Ruiz Zafón ist aber gerade das ein Vorteil: Die Phantasie wird herausgefordert. So kann sich jeder die Freiheit nehmen, sich in dieser eher abschreckenden Straße ein eigenes Bild von dem morschen, großen Portal und dem Gebäude zu machen. Den Torbogen von oder zur Rambla gibt es tatsächlich, dort ist ein winziger Kiosk in der Mauer eingebaut, bei dem immer ein paar schillernde Figuren hängenbleiben, und er

Bei der Calle Arco del Teatro angekommen, wagten wir uns unter dem sich in blauem Dunst abzeichnenden steinernen Bogen ins Raval-Viertel hinein. Ich folgte meinem Vater auf diesem engen Weg, eher Scharte als Straße, bis sich der Abglanz der Rambla hinter uns verlor. In schrägen Quentchen sickerte das helle Morgenlicht von Balkonen und Gesimsen bis knapp über den Boden. Endlich blieb mein Vater vor einem von Zeit und Feuchtigkeit schwarz gewordenen Portal stehen. Vor uns ragte etwas auf, was mir wie die verlassenen Überreste eines Palastes oder eines Museums aus Echos und Schatten vorkam.

Der Arc del Teatre gleicht einem Gewölbe. Er führt in das billigste Hurenviertel Barcelonas, den Barrio chino, *mit den schmierigsten Bordellen und Stundenhotels, die niedrigste Sprosse auf der Leiter des Sexgewerbes. Für Matrosen, die im Hafen vor Anker gegangen waren, ein ideales Viertel.*
Ein großer Teil wurde abgerissen, ganze Häuserblöcke wurden dem Erdboden gleichgemacht, um die Gegend wenigstens einigermaßen in Schuß zu bringen.
Die Arc del Teatre ist eine der ältesten Straßen der Stadt. Sie ist dunkel und mysteriös, man sieht aufgrund der Kurven nicht gleich, wohin sie führt. Das Geheimnisvolle daran ist auch, daß man nicht weiß, was sich hinter den Mauern all der Gebäude verbirgt. Es könnte darum also durchaus der ideale Ort für einen verborgenen Bücherfriedhof sein.

ist besonders geeignet, um sich an einem kühlen Morgen einen *Carajillo* zu genehmigen.

Palau Güell

Um die Ecke des Carrer de l'Arc del Teatre (entweder über den Carrer de Lancaster oder über die Rambla) befindet sich der phantastische Palau Güell. Der Architekt Gaudí hat sich bei diesem besonderen, eleganten und reich verzierten Bauwerk für seinen Mäzen Güell künstlerisch ausgelebt. Das Gebäude liegt an dieser etwas ungewöhnlichen Stelle – es grenzte praktisch an das Rotlichtviertel –, da Güell weiterhin in der Nähe seines Elternhauses wohnen wollte. Deshalb ist die gesamte Vorderseite durch ein schmiedeeisernes Gitter geschützt. Eine einfallsreiche Konstruktion aus gedrehten Metallstäben, womit Gaudí deutlich macht, daß er an modernen Technologien interessiert war, diese jedoch der Form und dem Ausdruck unterordnete.
Innen ist die gesamte künstlerische Vielfalt zu finden, der Gaudí seine Berühmtheit verdankt. Im Gebäude dominieren runde Formen und Säulen, das einfallende Licht erhält eine prominente Rolle, und auf dem Dach sind die Kamine mit Mosaiken aus glasierten Kacheln und Glas verziert.
Carrer Nou de la Rambla, 3-5,
Besichtigung nur mit Führung

El Raval

Es ist nicht zu übersehen, daß sich das Viertel El Raval im Moment tiefgreifend ändert und neues Leben einkehrt. Hier war das ehemalige Rotlichtviertel, aber Stück für Stück werden Prostitution und Kriminalität zurückgedrängt. In einigen Straßen fühlt man sich vor allem in der Dunkelheit nicht recht wohl. Aber Stadtverwaltung und Polizei gehen streng gegen die Kriminalität vor. So wurde beispielsweise 2005 ein Platz »gesäubert«, an dem an Samstagabenden gestohlene Ware verkauft wurde.

Die Sanierung ganzer Straßenzüge schreitet voran. Wo renoviert und saniert wird, tauchen neue Geschäfte, Cafés und Restaurants auf, und selbst Hotelketten haben ihr Auge auf dieses Viertel im Aufstieg geworfen. Ein gutes Beispiel hierfür ist die Rambla del Raval. Um diesen Platz zu schaffen, wurde eine Häuserreihe komplett abgerissen, wodurch mehr Raum geschaffen wurde. An Wochenenden stehen hier fliegende Händler mit einem abwechslungsreichen Angebot. Junge Künstler bieten ihre Kunstwerke an, etwas weiter findet man Schmuck, Antiquitäten, Kleidung von spottbillig bis teuer. Um diesen Platz ist ein lebendiges, gemischtes Viertel entstanden, auch weil hier Menschen unterschiedlichster Herkunft wohnen: Spanier, Ausländer, alte und junge Leute, Arbeiter, Intellektuelle, Künstler und junge Unternehmer. Vor allem für die letzte Gruppe ist das Viertel anziehend, da die Immobilienpreise sich hier im Gegensatz zum Stadtteil El Born noch im Rahmen halten. El Born ist inzwischen sehr begehrt, und so schießen die Preise dort dermaßen in die Höhe, daß die kleinen Unternehmen in andere Viertel verdrängt werden. Für El Raval ist das nur von Vorteil.

Güell, einer der großen Industriebarone der Stadt, war so etwas wie Gaudís Schutzpatron. Er gab Gaudí den Auftrag, auf dem Carrer Nou de la Rambla einen Palau *für ihn zu bauen. Zu dieser Zeit war das ein anrüchiger Ort mit Cabarets und Nachtclubs. Aber Güell wollte seinen Palast dort haben. Er ist ziemlich* gothic *und sieht fast aus wie Draculas Haus. Man kann das gesamte Gebäude besuchen, was bei den meisten Gaudí-Häusern nicht möglich ist, weil sie bewohnt sind. Und es lohnt sich! Innen ist es einfach spektakulär. Auch wenn man sich fragt, wer hier leben möchte. Für ein Wohnhaus ist es ein unheilvoller Ort – aber natürlich ein grandioses Setting!*

»Gato« (1990) von Fernando Botero, seit 2003 auf der Rambla del Raval

Cafè de les Delícies

Angenehmes und intimes Stammcafé im Herzen von Raval. Die Besucher spiegeln dieses gemischte Viertel wider. Weiter hinten im Café gibt es noch einen zweiten, überraschend großen Raum.

Rambla del Raval, 47

Museu d'Art Contemporani de Barcelona (MACBA)

Daß Barcelona ernsthafte Pläne hatte, die alten Straßenzüge rund um die Ramblas wiederzubeleben, wurde deutlich, als das neue Museum für zeitgenössische Kunst in diesem Viertel seinen Platz fand.

Das Gebäude, entworfen vom nordamerikanischen Architekten Richard Meier, strahlt mit seiner weißen Fassade im Sonnenlicht. Auch im Inneren dominieren Weiß und Licht als Hintergrund für eine Kollektion moderner Werke ab Mitte des 20. Jahrhunderts. Ein Großteil des Museums ist reserviert für Wechselausstellungen.

Die Attraktivität des Museums hatte eine unmittelbare Wirkung auf seine Umgebung: es entstanden viele kleine Restaurants, Cafés und Geschäfte.

Plaça dels Àngels, 1,
www.macba.es

Hutladen Fortuny

Ein Hutladen ist an der beschriebenen Stelle nicht zu finden. Die Plaça Goya ist ein kleiner Platz, und das Haus müßte gegenüber an der Ronda Sant Antoni liegen, um über die Dachterrassen eine Verbindung zum Carrer de Joaquin Costa zu haben. Ein düsteres, altes Gebäude steht dort zwar, es beherbergt jedoch kein alteingesessenes Ladengeschäft, sondern nur Läden mit schriller Neonreklame. Die Inspiration für Außen- und Innenausstattung des Hutladens hat sich der Autor zweifellos an anderer Stelle geholt.

Hier dreht sich alles um Hüte

Sombreria Obach

Mitten im Barri Gòtic stößt man tatsächlich auf einen typischen Hutladen, in dem man jede Art von Hüten, Baretten oder Mützen bekommen kann.

Carrer de Call, 2

Der Hutladen Fortuny oder das, was von ihm übrig war, moderte im Erdgeschoß eines schmalen, rußgeschwärzten, elend aussehenden Hauses in der Ronda de San Antonio neben der Plaza de Goya vor sich hin. Noch waren die in die verschmutzte Schaufensterscheibe gravierten Buchstaben zu lesen, und an der Fassade bewegte sich im Wind ein Schild in Form einer Melone, das maßgeschneiderte Modelle und die letzten Neuheiten aus Paris verhieß. Die Tür war mit einem Vorhängeschloß gesichert, das wenigstens zehn Jahre da zu hängen schien. (...)

Die Wohnung in der Ronda de San Antonio war eine Dachgeschoßwohnung. Ich entdeckte, daß man vom Treppenhaus durch eine Tür auf die Dachterrasse gelangen konnte. (...) Bald machte ich ein Haus auf der anderen Seite des Blocks ausfindig, das auf die Calle Joaquín Costa hinausging und auf dessen Dach ich Zugang hatte, so daß ich über die Mauer zum Haus in der Ronda de San Antonio gelangen konnte, ohne daß mich jemand hineingehen oder herauskommen sah.

In einer Pension in der Calle Joaquín Costa hatte mein Vater ein Zimmer für ihn gefunden, wo sich dank der Freundschaft unserer Nachbarin Merceditas mit der Inhaberin die Formalität des polizeilichen Meldescheins umgehen ließ, so daß Fermín Romero de Torres nicht von Inspektor Fumero und seinen Trabanten beschnüffelt werden konnte.

Carrer de Joaquin Costa

Der Carrer de Joaquin Costa sieht eher uninteressant und einigermaßen leer gefegt aus. Eigentlich sind die Seitensträßchen pittoresker, authentischer. Überall hängt Wäsche, die gegen den Regen mit Plastikfolie geschützt wird, Kinder spielen auf der Straße, und hier und da treffen sich Nachbarn auf ein Schwätzchen.

Typische Häuser in Fermíns Viertel

Nach Büchern stöbern

Almirall

Bei Nr. 33 liegt die Bar Almirall, eine der ältesten Kneipen Barcelonas, sie stammt aus dem Jahr 1860. Wenn man durch die schönen, mit Holz verzierten Fenster nach innen schaut, sieht man Spiegelwände voller Flaschen. Die Spiegel an der Bar, die Lampen und die organischen Formen der *Modernista*-Einflüsse verleihen der Bar ein phantastisch anachronistisches Aussehen.

La Paloma

Dieser über hundert Jahre alte, legendäre Ballsall ist unbedingt einen Besuch wert, und es reicht schon aus, einen Blick auf die Inneneinrichtung zu werfen: ein erstaunlich großer Raum, den man in einer so kleinen Gasse wie dem Carrer de Tigre nicht erwarten würde. Der Saal ist überall verziert mit barocken Schnörkeln, Kronleuchtern, Lampen und Dekkengemälden. Die traditionellen Bälle mit Orchester – bei denen El Tigre tanzende Damen mit seinem weißen Schal umgarnt – wechseln sich inzwischen ab mit trendigen *Clubbing Nights*. Die Silvesterpartys sind immer ausgelassen, und es kann schon mal vorkommen, daß zwischen den normalen Besuchern plötzlich eine Gruppe von Gästen einer Hochzeit einschließlich Hochzeitspaar auftaucht.

Carrer del Tigre, 27,
www.lapaloma-bcn.com

Die kulinarischen Verlockungen des Marktes

Mercat de Sant Antoni

Um von der Stelle, an der der Hutladen Fortuny im Roman angesiedelt ist, zum Mercat de Sant Antoni zu schlendern, nimmt man besser den Carrer de Joaquin Costa als, wie Daniel, die Ronda. Jeden Sonntag findet auf dem Mercat de Sant Antoni ein Second-Hand-Büchermarkt statt, jedoch nicht in den Markthallen selbst, sondern in der Galerie rund um den Markt. Katalanen haben eine Schwäche für Bücher, echte Liebhaber sind daher schon früh unterwegs. Der Rest kommt später und genießt den regen Betrieb, denn voll wird es auf jeden Fall. Hier findet man Bücher für jegliches Interessengebiet. Die Auslagen mit gehobener Literatur liegen neben Militaria, Dreigroschenromane neben Kunstbüchern, Kochbücher neben Comics. Auch unter der Woche ist der Markt einen kleinen Umweg wert, dann findet man in den Markthallen Fleisch-, Fisch-, Käse-, Gemüse- und Obststände, und in der Galerie um die Halle wimmelt es nur so von Kleidungsverkäufern.

Ecke Carrer del Comte d'Urgell
und Carrer de Manso

La Ribera und El Born

Palau de la Música Catalana

Der katalanische Architekt Lluís Domènech i Montaner hat eines der grandiosesten modernistischen Gebäude entworfen, das nicht umsonst UNESCO-Weltkulturerbe ist. Die Straßen, an die die Konzerthalle grenzt, sind recht schmal, weswegen es nicht ganz einfach ist, sich einen Gesamteindruck der Außenfassade zu machen. Ein Teleobjektiv kann da gute Dienste leisten. Hiermit lassen sich alle Figuren und Malereien der Fassade eingehend betrachten. Säulen, Balkons, Blumenmotive, Mosaikarbeiten, Plastiken, Büsten von großen Komponisten – das Gesamtkunstwerk ist eine Ode an die katalanische Volksmusik, die sich in den Augen Domènech i Montaners mit den berühmtesten klassischen Vorbildern messen kann.

Die Architektur und die Musik ergänzen sich, und die vielen Blumenmotive beim Eingang laden den Besucher in einen Garten voller Musik ein. Glas spielt eine wichtige Rolle, und das imposanteste Detail ist daher auch die umgekehrte Glaskuppel im Konzertsaal, die umgeben ist von einem Engelchor. Alles im Gebäude ist verziert und steckt voller – vor allem nationalistischer – Symbolik.

Innen ist es nicht erlaubt zu fotografieren. Um das Gebäude zu besichtigen, kann man sich einer Führung anschließen

> *Der große Saal ist wirklich spektakulär mit seiner gigantischen Glaskuppel und den Pferden, die durch die Luft zu springen scheinen. Die Akustik ist wegen des eingeschränkten Wissenstandes zur Zeit der Erbauung nicht die allerbeste. Damals ging es vor allem darum, daß es phantastisch aussieht. Ich denke, dies ist einer der schönsten Konzertsäle der Welt.*

Der Modernisme auf seinem Höhepunkt – voller Symbolik

Der Drachen beschützt den Giebel

oder natürlich ein Konzert besuchen (Karten sollten frühzeitig bestellt werden).
Carrer de Sant Francesc de Paula, 2,
http://home.palaumusica.org

Els 4 Gats

Das Café und Restaurant ist noch immer im Carrer de Montsió zu finden, und es wirkt, als hätte die Zeit hier stillgestanden. Beim Eingang liegen zwei kleinere Räume, die als Café dienen. Die Einrichtung ist seit den Zeiten, in denen Daniel es besucht hat, unverändert. An den Wänden hängen Drucke, Gemälde und Fotos der berühmten Gäste, die das Café gekannt hat. Die Tische und Stühle beschwören eine Fin-de-siècle-Stimmung herauf. Hier meint man, die Atmosphäre des Romans atmen und sich den jungen Daniel vorstellen zu können, wie er den Bestechungsversuchen Barcelós widersteht, der das Buch von Carax in seinen Besitz bringen will. Man sieht die lebhaften Diskussionen von Künstlern und Intellektuellen, die sogenannten *Tertulias*, vor dem geistigen Auge auftauchen. Es war aber auch der Ort, an dem Künstlern wie etwa Picasso eine Bühne geboten wurde. Picasso hatte hier 1901 seine erste Ausstellung unter eigenem Namen, und von ihm stammt der Entwurf der Menükarten.

Weiter hinten befindet sich ein relativ großes Restaurant. Die Großzügigigkeit des Raums

In Gesellschaft großer Geister

verschwindet jedoch durch die enorme Menge an Tischen und Stühlen, und die Bedienungen scheinen vor allem darauf aus zu sein, an einem Abend möglichst viele Gäste pro Tisch durchzuschleusen. Darüber hinaus ist das Essen nicht sehr außergewöhnlich. Dennoch lohnt es sich hier hereinzuschauen, weil man einfach so mitten in einer Hochzeit, einem Geburtstagsfest oder einer anderen Feierlichkeit landen kann. Reservierung erforderlich!

Carrer de Montsió, 3 bis,
www.4gats.com

Els Cuatre Gats lag einen Steinwurf von zu Hause entfernt, und diese vier Katzen hatten es mir angetan. Dort hatten sich im Jahr 1932 meine Eltern kennengelernt, und meine Entrittskarte fürs Leben schrieb ich zum Teil dem Charme dieses alten Cafés zu. Steinerne Drachen bewachten die tief verschattete Fassade, und die Gaslaternen an der Ecke froren Zeit und Erinnerung ein. Im Innern verschmolzen die Menschen mit den Echos aus anderen Zeiten. Buchhalter, Träumer und Geisteslehrlinge teilten den Tisch mit den Schimären von Pablo Picasso, Isaac Albéniz, Federico García Lorca oder Salvador Dalí. Zum Preis eines kleinen Kaffees konnte sich hier jeder Habenichts für ein Weilchen als historische Figur fühlen.

Ein Stück weiter sind im Carrer de N'Amargòs (einer Seitenstraße des Carrer de Montsió) eine Reihe kleinerer Geschäfte zu entdecken.

Església de Santa Maria del Mar

Auch wenn es inzwischen wohl weniger treue Kirchgänger gibt als früher, ist diese Kirche noch immer ein beliebter Ort für Hochzeiten. An Spitzentagen kann es vorkommen, daß stündlich eine neue Trauzeremonie beginnt. Vom Platz aus ist es möglich zuzusehen, wie die Festgäste aus der Kirche kommen und Reis und Blumenblätter für das Brautpaar streuen. Die Außenseite des Portals ist außerdem reich verziert, und es lohnt sich, hier kurz innezuhalten, bevor man hineingeht. Die Kirche ist ein wunderschönes Beispiel katalanischer Gotik. Der homogene Stil ist wohl der Tatsache zu verdanken, daß sie innerhalb von nur 54 Jahren gebaut wurde (1329 begonnen, war der Bau 1383 fertiggestellt),

Luft und Raum in hohen Gewölben

was für diese Zeit außergewöhnlich schnell war. Das auffälligste Kennzeichen ist das breite Mittelschiff, und da die Seitenschiffe ebenso hoch gebaut sind, verfügt dieser Bau über viel Raum und Luft. Eine Reihe von Glasmalereifenstern haben mehrere Brände und Plünderungen überstanden und sorgen jetzt für ein sanftes, gefiltertes Licht. Die katalani-

Die Bernarda war achtundzwanzig, aber mir kam es immer vor, als wäre sie zehn Jahre älter, und sei es nur in den Augen. Sie war eine fleißige Messegängerin und verehrte die Jungfrau von Lourdes abgöttisch. Täglich hörte sie in der Kirche Santa María del Mar den Acht-Uhr-Gottesdienst, und dreimal pro Woche ging sie beichten.

Wo Bernarda zur Beichte ging

sche Gotik zeichnet sich durch Schlichtheit und sparsamen Einsatz von Verzierungen aus. Hinzu kommt, daß die Kunstwerke, die vorhanden waren, im Spanischen Bürgerkrieg vernichtet wurden, wodurch das reine Linienspiel der Bögen und Gewölbe noch stärker zur Geltung kommt. Die Kirche ist ihrer ausgezeichneten Akustik wegen ein beliebter Ort für musikalische Darbietungen und Konzerte.
Plaça de Santa Maria, 1

El Born
Das Viertel El Born ist im Augenblick eines der angesagten und beliebtesten Barcelonas. In den letzten Jahren hat dieser Stadtteil eine gewaltige Metamorphose erlebt. Künstler und kleine Unternehmer wurden hierhergelockt, da Gebäude leer standen und die Mieten niedrig waren. Und dies brachte neues Leben in das Gebiet. Früher mied man diesen Stadtteil in den Abend- und Nachtstunden, heute ist er mit seinen Tapasbars, Restaurants, zahlreichen Mode-, Schmuck-, Design-, Delikatessen- und Spezialgeschäften und einladenden Straßencafés ein Anziehungspunkt. El Born ist lebendig, interessant, laut (nicht immer sehr angenehm für die Anwohner!) und steckt voller Überraschungen. Die Straßen und Plätze rund um die Kirche Santa Maria del Mar, Carrer de l'Argenteria, Passeig del Born, Carrer de Montcada und die vielen noch kleineren Seitenstraßen bieten alles, um einen schönen Nachmittag oder Abend zu erleben.
Kennern zufolge wird es allerdings schon wieder zu teuer, und so suchen Künstler und abenteuerlustige Unternehmer ihr Heil anderswo, zum Beispiel in El Raval, das im Augenblick einen wahren Wandel erlebt.
Interessantes Detail: Bereits in der Zeit der Pferdekutschen mußte etwas geschehen, um den Verkehr in diesen schmalen Sträßchen zu regeln. Schon damals gab es daher vor allem Einbahnstraßenverkehr. Das wird deutlich durch die Schil-

Tapas genießen im Sagardi

der mit Abbildungen von Pferd und Wagen und einem Mann, der die Richtung weist: *Entrada* oder *Salida* (Ein- oder Ausgang).

Sagardi Euskal Taberna

Baskische Tapasbar. Die Basken sind berühmt für ihre Küche und ihre Tapas. Tatsächlich schmecken die Tapas in dieser Taberna herrlich, und die Auswahl ist groß. Die Tapas werden durch Zahnstocher zusammengehalten, und am Ende wird anhand der Anzahl der Zahnstocher abgerechnet.
Carrer de l'Argenteria, 62

Alea / Majoral

Schmuckgeschäft der eigenen Marke Majoral. In der dazugehörigen, kleinen Galerie werden regelmäßig aufstrebende Künstler ausgestellt.
Carrer de l'Argenteria, 66,
www.majoral.com
www.aleagaleria.com

Granja Xador Xocolateria

Ein typisch spanisches Speiselokal, das heißt, gemütliche Neonröhrenbeleuchtung und Anti-Design-Stühle und -Tische, wo man den ganzen Tag etwas bekommen kann, Frühstück, Mittagessen, einen Snack zwischendurch. Hier servieren sie auch die typische *Xocolate amb Melindros*, geschmolzene, heiße Schokolade in einer Tasse – so dickflüssig, daß der Löffel senkrecht darin stehen bleibt. Dazu ißt man eine Art weicher Löffelbiskuits und *Ensaimadas*, Schnecken aus leicht süßem, luftigem Teig mit Puderzucker bestäubt.

Carrer de l'Argenteria, 61-63

La Vinya del Senyor

Diese kleine Bar, in der man auch Tapas bekommt, liegt genau gegenüber den großen Türen der Kirche Santa Maria del Mar. Das richtige für ein angenehmes Glas *Tinto* begleitet von einem alten *Manchego*. Das Lokal selbst ist mit vielen dunklen Holzpaneelen ausgestattet.

Plaça Santa Maria, 5

Bubó Degustacions Carles Mampel

Konfiserie in einem kleinen Sträßchen gleich bei der Kirche Santa Maria del Mar. Schon der Anblick der kunstvollen Kreationen im Schaufenster macht Appetit auf das feine Gebäck, die Petits fours, Schokoladenkreationen und Pralinen. Zum Mitnehmen, oder man probiert sie gleich dort mit einem Glas *Cava*.

Carrer Caputxes 10,
www.bubo.ws

La Botifarreria de Santa Maria

Häufig brechend voll, aber das ist nicht verwunderlich, denn dies ist eines der bekanntesten Delikatessengeschäfte der Stadt für Wurstwaren, *Jamón Serrano* und Käse.

Carrer de Santa Maria, 4

La Carte des Vins

Weinliebhaber betreten hier ein kleines Paradies. Es ist wenig Platz vorhanden, daher sind die Flaschen bis unter die Decke gestapelt. Man vergißt schnell die Zeit beim Bewundern der großen Auswahl an spanischen Weinen. Auch hier bekommt man unmittelbar Lust auf ein gutes Glas *Tinto* mit etwas *Jamón de Jabugo* oder einem schönen alten Käse.

Carrer dels Sombrerers, 1,
www.lacartedesvins.com

Euskal Etxea

Das baskische Kulturzentrum mit Restaurant, Ausstellungsraum, Musik- und Tanzveranstaltungen und Kursangeboten.

Plaçeta Montcada, 1-3,
www.euskaletxeak.org

»Hören Sie, Daniel, wie wäre es, wenn wir uns im Xampanyet da vorn einige Schinkenkroketten und ein paar Gläschen Sekt zu Gemüte führten?«
»Da hätte ich ehrlich nichts dagegen.«

Cava und Tapas, das gute Leben!

Vila Viniteca

Wein- und Delikatessengeschäft, inzwischen so erfolgreich, daß das Gebäude gegenüber auch dazugehört.

Carrer dels Agullers, 7 i 9

El Xampanyet

Es existiert tatsächlich noch! In dieser winzigen Kneipe lassen sich verschiedene Sorten Sekt, Sidra und herrliche Tapas genießen, die frisch zubereitet werden, während man wartet. In vielen Barcelona-Büchern prangt ein Foto des Eingangs. El Xampanyet ist es gelungen, seine Ursprünglichkeit zu erhalten. Selten trifft man eine solch korrekte Bedienung wie die zuvorkommenden älteren Herren, die dort arbeiten. Sehr empfehlenswert.

Carrer de Montcada, 22

Museu Picasso, Carrer Montcada

Pablo Picasso (1881-1973), der sich mit der Stadt, in der er seine frühen Jahre als Künstler verbracht hatte, verbunden fühlte, schenkte eine Reihe sei-

Das Altenheim Santa Lucía war eine Einrichtung von gespenstischem Ruf und befand sich in einem halbverfallenen Palast in der Calle Montcada. (...) Vom 11. Jahrhundert an hatte er unter anderem mehrere vornehme Familien, ein Gefängnis, einen Kurtisanensalon, eine Bibliothek mit verbotenen Handschriften, eine Kaserne, eine Bildhauerwerkstatt, ein Pestsanatorium und ein Kloster beherbergt. Mitte des 19. Jahrhunderts, als er mehr oder weniger zerfiel, war er in ein Museum der Mißgeburten und Abscheulichkeiten umgewandelt worden. Dessen Leiter nannte sich László de Vicherny, Herzog von Parma und Privatalchimist der Bourbonen, hieß mit richtigem Namen aber Baltasar Deulofeu i Carallot, gebürtig aus Esparraguera, und war ein professioneller Betrüger und notorischer Casanova.

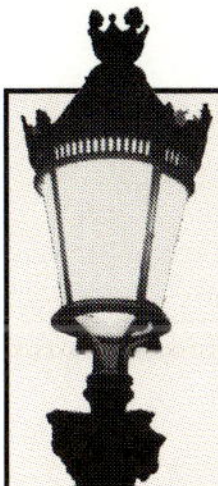

Die Bernarda war bei Kriegsende nach Barcelona gekommen, auf der Flucht vor der Armut und einem Vater, der sie an seinen guten Tagen nur verprügelte und Miststück nannte, an den schlechten aber, wenn er betrunken war, in den Schweinekoben sperrte, wo er sie befummelte. Als sie begann, sich mit Geschrei zu wehren, ließ er sie ziehen – eine frömmlerische Idiotin wie ihre Mutter. Barceló hatte sie zufällig kennengelernt, als sie an einem Gemüsestand im Borne-Markt arbeitete; einer Eingebung folgend, hatte er ihr eine Stelle in seinem Haushalt angeboten.

ner Werke diesem Museum. Die Betonung der Sammlung liegt auf seinem frühen Werk, einschließlich der blauen Periode und der Las-Meninas-Serie. Zu bewundern sind auch die ersten Skizzenbücher des Kindes Picasso.

Das Museum verteilt sich auf verschiedene Stadtpaläste, und so bietet sich die Möglichkeit, diese herrschaftlichen Gebäude (wie das von Berenguer Aguilar und Barón de Castellet) im Carrer de Montcada einmal von innen zu betrachten. Ein Altenheim hat es in dieser Straße nie gegeben, aber das Museum sowie einige andere Eingangspforten und Torzugänge geben zusammen ein gutes Bild von dem, was sich hinter den Mauern hätte abspielen können.

Carrer de Montcada, 15-23,
www.museupicasso.bcn.es

Mercat del Born

Zwischen 1873 und 1876 wurde für diesen Markt ein Dach gebaut, das die größte Eisenkonstruktion Spaniens werden sollte, um der Welt zu beweisen, zu welchen architektonischen Meisterleistungen die Katalanen imstande sind. Obwohl die freitragende Konstruktion nicht mit vielen Ornamenten verziert ist, bleibt sie durch ihren geometrischen Entwurf beeindruckend. Eine Ode an die industrielle Revolution aus Eisen und Glas.

2001 wurden bei Ausgrabungen Überreste von Straßen und Häusern aus dem 18. Jahrhundert freigelegt, die verschwunden sind, als Philip V. das Viertel Ribera bombardieren ließ und dem Erdboden gleichmachte. Letztendlich wurde beschlossen, an dieser Stelle ein Museum zu bauen – und nicht wie ursprünglich gedacht eine Bibliothek –, in dem die Ruinen

unter Glas zu besichtigen sein werden.
Plaça Commercial

Estació de França

Der schön restaurierte Bahnhof von 1848 dient jetzt hauptsächlich als Ziel von Regionalzügen, weshalb es ein recht gemütlicher Bahnhof ist. Die internationalen Züge fahren inzwischen die Estació de Sants an. Also kann man sich hier in aller Ruhe umsehen. Das Gebäude ist ein wunderschönes Bauwerk aus Schmiedeeisen und Marmor, mit vielen authentisch wirkenden Details, die genau die Atmosphäre aus *Der Schatten des Windes* hervorrufen. Auch im Abendlicht schön anzusehen, wenn die alten Lampen brennen und die Halle in ein sanftes Licht getaucht wird. Vor dem Betreten der Bahnsteige werden manchmal Taschen und Gepäck kontrolliert. Auch auf den Bahnsteigen sind viele authentische Details zu finden, und die mo-

In altem Glanz wiederhergestellt

Die Estación de Francia war menschenleer; die Bahnsteige glänzten im Morgenlicht und verloren sich dann im Nebel. Julián setzte sich auf eine Bank unter dem Gewölbe und zog ein Buch hervor. Schon bald ließ er die Stunden verstreichen und wechselte Haut und Namen, bis er sich als ein anderer fühlte. Er ließ sich von den Träumen schattenhafter Figuren mitreißen und dachte, es bleibe ihm keine weitere Zuflucht außer dieser. Mittlerweile war ihm klar, daß Penélope nicht käme, daß er den Zug einzig in Begleitung seiner Erinnerung besteigen würde. Als pünktlich am Mittag Miquel Moliner im Bahnhof auftauchte und ihm seine Fahrkarte und das ganze Geld gab, das er hatte auftreiben können, umarmten sich die beiden Freunde schweigend. Julián hatte Miquel Moliner noch nie weinen sehen. Die Uhr zählte die entfliehenden Minuten und bedrängte sie.

Hier endet der Traum von Paris

dernen Elemente wie Bänke, Anzeigetafeln oder ähnliches sind mit gutem Geschmack ausgewählt, so daß die Schönheit des Ganzen erhalten bleibt.
Carrer d'Ocata

Parc de la Ciutadella

Bevor der heutige Park angelegt wurde, stand an dieser Stelle die Zitadelle, die Philip V. nach der Belagerung von Barcelona im Jahr 1714 errichten ließ, um

Die letzten Neuigkeiten am Arc de Triomf

Stolzer Drachen auf der Gran Cascada

seine aufständischen Untertanen im Zaum zu halten. Zwei Klöster und mehr als tausend Wohnhäuser im Viertel Ribera fielen dem enormen Bau zum Opfer. Doch bereits 1868 wurde die Festung größtenteils wieder abgerissen. Übriggeblieben sind eine Kapelle, der Gouverneurspalast und der Sitz des katalanischen Parlaments, das frühere Arsenal.

1888 fand auf dem Grundstück des heutigen Parks die Weltausstellung statt, und es entstand diese grüne Oase, die noch immer zum Erholen einlädt. Der Arc de Triomf diente damals als Haupteingang. Das Gebäude, in dem jetzt das Museu de Zoologia untergebracht ist, wurde von Lluís Domènech i Montaner als Restaurant zur Weltausstellung entworfen.

Der Park bietet außer dem zoologischen auch ein geologisches Museum, einen Zoo, ein Tropenhaus sowie einen Wintergarten mit Café. Beim See in der Mitte kann man Boote mieten, und die Wege um das Wasser laden zum Spazierengehen ein. Eine Attraktion ist auch der Brunnen Gran Cascada mit einer Menge Tier-, Götter- und Göttinnenfiguren.

Passeig de Picasso, 15

El Port

El Port

Das gesamte Gebiet rund um den Hafen hat in den letzten Jahren ein gründliches Facelifting erhalten, vor allem zu den Olympischen Spielen 1992. Bis zu dieser Zeit begann der Hafen eigentlich direkt hinter der Kolumbussäule. An der gesamten Mole entlang – an einigen wenigen Stellen noch zu finden – waren Stufen eingehauen, die direkt ins Wasser führten. Die Stufen waren überwachsen und glitschig und hatten vor allem im Dunkeln etwas Gruseliges, weil sie so unheilvoll im Wasser verschwanden. Daß Daniel hier die Haare zu Berge standen, als er dem Fremden mit dem verbrannten Gesicht begegnete, der sein Buch verlangte, ist nicht verwunderlich.

Inzwischen reicht die Stadt viel weiter ans Wasser heran. Dafür sorgt eine breite Promenade am Ende des Passeig de Colom, auf der man spazierengehen oder eines der vielen Straßencafés besuchen kann, auf der wöchentlich fliegende Händler mit ihrem Krimskrams erscheinen und auf der die alten Indu-

Rasch versuchte ich ihn abzuschütteln und irrte über eine Stunde durch die Straßen, bis ich zum Kolumbusdenkmal gelangte. Ich ging zum Hafen hinüber und setzte mich auf die Stufen, die sich an der Mole der Motorschiffe im dunklen Wasser verloren.

Sehnsucht nach dem offenen Meer

striegebäude, die jetzt in neuem Glanz erstrahlen, Restaurants mit Terrasse, Straßencafés und sogar ein Museum (Museu d'Història de Catalunya) beherbergen.
Barcelona hat nie über einen natürlichen Hafen verfügt. Bereits im 16. Jahrhundert wurde ein künstlicher Hafen angelegt, um dafür zu sorgen, daß große Schiffe nicht mehr auf Grund liefen, weil das Hafenbecken immer wieder versandete. Der Hafen war in dieser Zeit für den transatlantischen Handel jedoch nicht mehr von besonderer Bedeutung. Gegen Ende des 18. Jahrhunderts erlebte er einen kurzen Aufschwung, da Barcelona das Recht erhalten hatte, mit den spanischen Kolonien in Amerika Handel zu treiben. Als Spanien jedoch zwischen 1800 und 1813 in die napoleonischen Kriege hineingezogen wurde und in der Folgezeit die meisten seiner Kolonien verlor, endete diese Blütezeit. Das gesamte Gebiet war seitdem von Armut und Verfall gekennzeichnet.

Von Barcelona wird immer wieder gesagt, daß die Stadt dem Meer den Rücken zukehrt. Und auf eine seltsame Art und Weise stimmt das auch, denn Fisch und Meeresfrüchte spielen zwar eine wichtige Rolle auf den Speisekarten der Restaurants, aber man hat in der Stadt nicht das Gefühl, daß die See eine große Rolle spielt. Und durch alles, was in den letzten Jahrzehnten gebaut wurde, ist das Meer dem Blick auch weitgehend entzogen worden. Wenn man jetzt auf dem Moll de Bosch oder Moll de la Fusta flaniert, kann man nicht aufs offene Wasser sehen. Das erste, was ins Auge fällt, ist ein Wald von Schiffsmasten der Jachten und kleineren Schiffe im Jachthafen. Dahinter liegt ins Wasser gebaut der Einkaufstempel Maremàgnum mit einem Imax-Kino und dem Aquàrium.

Barceloneta

Auch der Weg nach Barceloneta hat sich stark verändert. Dieses Viertel entstand Mitte des 18. Jahrhunderts auf einer künstlich angelegten Halbinsel, als billige Wohnungen für Arbeiter und Fischer gebraucht wurden. Zu Zeiten des Romans ist es ein Fischerdorf.
Es ist nicht mehr möglich, die gleichen Spaziergänge zu machen wie Daniel und Fermín. Wenn man jetzt von der Stadtmitte aus der Mole folgt, wird einem der Blick auf die Stadt durch die neugebauten Gebäude verwehrt.

Belebte, enge Gassen: das ehemalige Fischerviertel

Carlos Ruiz Zafón zufolge liegt die Stelle, an der Daniel und Fermín gestanden haben und auf die Stadt blickten, auf dem Passeig de la Escullera, noch ein Stück weiter draußen als der Aussichtsturm Torre de Sant Sebastià. Aber auch hier verdecken Industriegebäude die Sicht. Eine gute Alternative, um doch einen Blick auf Barcelona werfen zu können, ist eine Fahrt mit der Seilbahn, die den Hafen mit dem Montjuïc verbindet. Man kann auch nur die Aussichtsplattformen der Seilbahn besuchen. Dann ist es allerdings ratsam, nicht auf die Plattform bei San Sebastià zu gehen, wo alles hinter Glas ist, sondern auf die des Zwischenstops, Torre de Jaume I (World Trade Center), dort kann man außen um den Turm herumlaufen.

Seilbahn Transbordardor Aeri,
Torre de Sant Sebastià – Torre
de Jaume I – Miramar (Montjuïc)

Museu Marítim

In den ehemaligen königlichen Schiffswerften (Drassanes Reials) ist eines der am meisten besuchten Museen Barcelonas untergebracht. Auch die Werften lagen ursprünglich direkt am Wasser. Sie sind gut erhalten geblieben und prachtvoll restauriert worden, schon das Gebäude ist einen Besuch wert. Das Museum umfaßt in einer

La Barceloneta ist das alte Viertel der Fischer. Früher war dieses Gebiet überhaupt nicht im Trend, aber jetzt wird die gesamte Uferseite umgebaut und mit modernen Promenaden ausgestattet. Das Gesicht dieses Viertels verändert sich dadurch enorm. Die Barceloneta von früher war arm, schmale Sträßchen, über denen Wäsche hing, kleine Wohnungen, viele billige Gaststätten.

Ictineo: ein hölzerner Fisch für zwei Matrosen

ständigen Sammlung alle Aspekte des maritimen Lebens und bietet gleichzeitig Raum für wechselnde Ausstellungen. Höhepunkt eines Besuchs ist sicherlich die prächtige Nachbildung einer königlichen Galeere (la galera reial). 1568 wurde das Original für Juan d'Austria (den außerehelichen Sohn Karls V.) auf dieser Werft gebaut. In anderen Räumen sind Galionsfiguren, Schiffskarten und Navigationsinstrumente zu besichtigen. Unter den Bögen und Säulen der Schiffswerften befindet sich ein Souvenirladen sowie ein Café mit Aussicht auf den Garten des Museums.

Im alten Hafen kann man den Dreimaster Santa Eulàlia besichtigen (Moll de Bosch i Alsina). Der Schoner von 1918 wurde repariert, restauriert und wieder vollständig seetüchtig gemacht.

Avinguda de les Drassanes,
www.museumaritimbarcelona.com

Museu d'Història de Catalunya (Palau del Mar)

In diesem Museum gehen Sie auf eine Reise durch die katalanische Geschichte. Das Museum hat eine ständige Sammlung im 2. und 3. Stock und Raum für Wechselausstellungen im Erdgeschoß und im 1. Stock. Es ist sinnvoll, am Anfang eine Broschüre in englischer Sprache mitzunehmen, da Erklärungen ansonsten nur auf katalanisch gegeben werden.

Die ständige Ausstellung, einschließlich prähistorischer Funde, führt durch alle Perioden und Ereignisse, die für das Entstehen und die Entwicklung von Katalonien von Wichtigkeit waren. Interessant im Zusammenhang mit *Der Schatten des Windes* sind vor allem die Abschnitte über den Spanischen Bürgerkrieg und die knapp 40 Jahre der Diktatur des Franco-Regimes. Die Fotos und Filmfragmente machen das eine oder andere sehr anschaulich und bieten so ein ausgezeichnetes Bild der Stadt, wie Carlos Ruiz Zafón sie beschreibt.

Im 4. Stock des Museums befindet sich das Café-Restaurant La Miranda del Museu, in dem man zu Mittag oder zu Abend essen kann.

An der Promenade säumen Fischrestaurants den Palau.

Palau del Mar, Plaça de Pau Vila, 3, www.en.mhcat.net/mhc

L'Aquàrium

Sicherlich einen Besuch wert. 21 Bassins enthalten mehr als 8 000 Fische, darunter Haie, Stechrochen und schrillfarbige Fische aus der Karibik. Als Be-

Palau del Mar

sucher taucht man vollständig in die Unterwasserwelt ein. In der interaktiven Zone können Kinder drei verschiedene Küstengebiete näher untersuchen.
Moll d'Espanya,
www.aquariumbcn.com

Monument a Colom

Die Säule mit dem Standbild von Kolumbus (1451-1506), der mit seinem Arm zur See weist, ist 60 Meter hoch, und mit einem Aufzug kann man auf den verglasten Aussichtsturm fahren. Die Belohnung ist ein

Passeig de Colom: 1882 die erste Straße Barcelonas mit elektrischer Beleuchtung

wunderschöner Blick über die Stadt.
Die Säule ehrt auch das spanische Königspaar Isabella und Ferdinand, das drei Expeditionen von Kolumbus finanzierte und dadurch die Entdeckung Amerikas mit ermöglicht hatte.
Plaça del Portal de la Pau

Carrer de Josep Anselm Clavé

Der Carrer de Josep Anselm Clavé, der in den Carrer Ample übergeht, verläuft parallel zum Passeig de Colom beim Hafen. Das frühere Gebäude der Militärregierung liegt an der Plaça Portal de la Pau, wo auch das Kolumbusdenkmal steht und die Ramblas ihren Weg zur Plaça Catalunya beginnen. Ein Schreibwarengeschäft gibt es hier nicht, und es ist auch keine einzige Fassade zu finden, die als Inspiration gedient haben könnte. Beim Flanieren durch die alte Innenstadt stößt man jedoch auf ein paar schöne Läden, die das Herz all jener erfreuen werden, die gerne mit Füllfederhaltern und auf schönem Papier schreiben.

Papirum

Ein winziges Geschäft mit einer sehr schönen Auslage in der Baixada de la Llibreteria, 2, ganz in der Nähe der Plaça San Jaume.

Es gab eine Zeit in meiner Kindheit, wo ich, vielleicht weil ich inmitten von Büchern und Buchhändlern aufwuchs, beschloß, Romancier zu werden und ein melodramatisches Leben zu führen. Außer in der wunderbaren Einfalt, in der man als Fünfjähriger alles sieht, gründeten meine literarischen Träume in einer märchenhaften kunsthandwerklichen Präzisionsarbeit, die in einem Schreibwarengeschäft in der Calle Anselmo Clavé, gleich hinter der Militärregierung, ausgestellt war. Der Gegenstand meiner Anbetung, ein prachtvoller, mit weiß Gott wie vielen Kostbarkeiten und Schnörkeln verbrämter schwarzer Füllfederhalter, nahm im Schaufenster einen Ehrenplatz ein, als wäre er eines der Kronjuwelen.

Il Papiro

Auf der Plaça Sant J. Oriol ist ein Papier- und Schreibwarengeschäft ansässig, das für das Geschäft aus dem Roman als Vorbild gedient haben könnte. Die schöne Holzeinrichtung sorgt für ein warmes Ambiente, und Liebhaber werden sich hier wohl fühlen.

Papirolinea, S.L., Plaça Sant J. Oriol, 3, www.ilpapirofirenze.it

Montblanc

Wer Füllfederhalter liebt, findet auf dem Passeig de Gràcia einen sehr schönen, exklusiven Montblanc-Laden (www.montblanc.com), von dem der kleine Daniel sicherlich entzückt ge-

Schaufenster von Papirum

Als Kind fand ich sie schon faszinierend, mir gefiel das Design, das Schwarze, das Klassische. Die elegante, aber charakteristische Form regte meine Phantasie an. Ich konnte es einfach nicht lassen: Als ich siebzehn war und genügend Geld gespart hatte, habe ich mir einen Montblanc Meisterstück gekauft. Meine Handschrift ist furchtbar, aber ich schreibe noch immer damit. Nicht meine Bücher übrigens, die schreibe ich direkt am Computer.

wesen wäre. Carlos Ruiz Zafón ist selbst ein großer Liebhaber dieser Füllfederhalter.

Im Carrer de Josep Anselm Clavé ist noch immer etwas von der Atmosphäre spürbar, die lange Zeit für dieses in Vergessenheit geratene und verwahrloste Gebiet beim Hafen bezeichnend war. Inzwischen haben sich zwar Restaurants, Kneipen und Geschäfte hier niedergelassen, aber es ist immer noch eine Straße, die man als Tourist gewöhnlich nicht aufsucht. Viele der kleinen Seitensträßchen, die auf den Carrer zulaufen, sind sogar noch ein Stück authentischer, was bedeutet: alt und verfallen. Altgediente Kabel hängen wie eine mißlungene Weihnachtsverzierung das ganze Jahr über an den Fassaden, die Beleuchtung in den Hauseingängen betont die hoffnungslose Atmosphäre, und die rostigen Briefkästen hängen gewohnheitsgemäß schief. Viele dieser Straßen wie Carrer de la Fusteria, Carrer d'En Gignàs, Carrer d'En Serra oder Carrer dels Codols und Carrer d'En Carabassa sind bei der großen Sanierungsaktion vor den Olympischen Spielen 1992 ausgelassen worden. Aber

Von unterschiedlichen Stellen aus gesehen erscheint die Statue wie ein Engel, der über den Dächern der Stadt schwebt. Wenn man früher von einer höher gelegenen Stelle aus in Richtung Meer blickte, sah man stets das feenhafte Bild der La Mercè.

»Heute mittag zur Essensstunde bin ich zur Post gegangen und habe mit einem alten Bekannten, der dort arbeitet, ein paar Worte gewechselt. Das Postfach 2321 ist auf den Namen eines gewissen José María Requejo eingetragen, Anwalt mit Büro in der Calle Léon XIII. Ich habe mir erlaubt, die Adresse der besagten Person zu überprüfen, und ohne Erstaunen festgestellt, daß es sie nicht mehr gibt, aber ich denke, das wissen Sie schon. Die Korrespondenz für dieses Postfach wird seit Jahren abgeholt. (...) Ich kann Ihnen nur den Namen der Person nennen, die die Korrespondenz abholt: Nuria Montfort.«

gerade dadurch sind sie sehr illustrativ für das Barcelona aus *Der Schatten des Windes*.

Papabubble

Erwähnenswert ist dieses kleine Geschäft im Carrer Ample, wo Zuckerwaren auf traditionelle Weise hergestellt werden. Durch die großen Fenster kann man leicht von draußen zuschauen, wie die bunten Zukkerstangen gezogen und zu allerlei Formen von Bonbons verarbeitet werden.
Das zieht nicht nur Kinder an!

Carrer Ample, 28 – Ecke Carrer de la Plata,
www.papabubble.com

Leckereien für Naschkatzen

Hauptpostamt

Das Hauptpostamt liegt ganz am Anfang der Via Laietana. Das riesige Gebäude, das über die Plaça d'Antonio López ragt, ist mit einer imposanten Treppe ausgestattet und mit Säulen, Ornamenten und Statuen reich verziert. Es ist noch immer in Funktion als Hauptpostamt, und obwohl man überall in der Stadt Briefmarken bei den *Tabacco*-Läden bekommen kann, ist das Gebäude selbst die beste Entschuldigung, um sie gerade da zu kaufen.

Plaça d'Antonio López

Hauptpostamt mit Stil

Prefectura Superior de Policia

Sehr viel mehr als das, was Carlos Ruiz Zafón darüber schreibt, gibt es nicht zu sagen. Der Bau ist von außen sauber gestrichen, die Flaggen wehen im Wind, aber man möchte sich hier nicht unbedingt in aller Ruhe umsehen.

Ecke Carrer de Julià Portet und Via Laietana

Das ist das Polizeigebäude aus dem Roman, mit dem Büro, von dem aus Fumero Unheil anrichtet. In den Kerker konnte man während der Franco-Diktatur ohne jeden Prozeß eingesperrt werden. Heutzutage steht das Gebäude da wie eine Art Gestapo-Hauptquartier aus jener Zeit. Übrigens ist hier jetzt ein Revier der Policía Nacional untergebracht. Es hat noch immer eine düstere Ausstrahlung.

L’Eixample

L’Eixample

Mitte des 19. Jahrhunderts war es endlich möglich geworden, die Stadt über die alten Stadtmauern hinaus zu erweitern. In einem königlichen Dekret wurde festgelegt, daß die Stadterweiterung nach dem Plan von Ildefons Cerdà durchgeführt werden sollte, obwohl viele Einwohner der Stadt andere Entwürfe schöner fanden.

Der ganze Stadtteil ist entlang breiter, parallel verlaufender Straßen aus großen Häuserblöcken mit großzügigen Innenhöfen angelegt. Die Blöcke liegen links und rechts des Passeig de Gràcia und werden Eixample Esquerra und Eixample Dreta genannt. Der Passeig de Gràcia ist die Straße, die bis zu diesem Zeitpunkt die Innenstadt mit dem Dorf Gràcia verband. War es ursprünglich nur eine schmale Straße, so ist es jetzt einer der breitesten Boulevards, an dem teure und exklusive Ladengeschäfte zu finden sind, die *women's mile* von Barcelona, könnte man sagen. Das berühmte Quadrat d’Or, das goldene Quadrat, in dem die höchste Konzentration berühmter modernistischer Gebäude zu finden ist, wird begrenzt durch Carrer del Bruc, Carrer d’Aragó, Passeig de Gràcia und Diagonal. Das Viertel bietet neben öffentlichen und privaten Gebäuden (unter anderem von Gaudí, Domènech i Montaner und Puig i Cada-

Pflastersteine: Gaudí entging kein Detail

falch) mit schmiedeeisernen Balkons zahllose schicke Läden mit holzverzierten Schaufenstern und Emailleschildern. Die breiten Straßen haben bei der heutigen Verkehrsbelastung den Nachteil, daß die Autos jetzt auf mehreren Fahrbahnen durch den Stadtteil rasen. Glücklicherweise sind die Bürgersteige ausladend genug, daß man einen Spaziergang dennoch genießen kann. Der gesamte Eixample ist es wert, erlaufen zu werden, denn für Hausbesitzer und Architekten war es fast zu einer Frage der Ehre geworden, die Uniformität von Cerdàs Plan zu unterlaufen, indem die individuellen Gebäude so auffallend, übertrieben und exzentrisch wie nur möglich gestaltet wurden. Wer sich für modernistische Architektur interessiert, kann auch einen Rundgang machen, den der Centre del Modernisme (Plaça Catalunya, bei der Touristeninformation) zusammengestellt hat.

Modernisme

Der *Modernisme* war die typische Kulturströmung, die sich in Katalonien gegen Ende des 19. Jahrhunderts entwickelt hat und bis in das erste Jahrzehnt des 20. Jahrhunderts hineinreicht. Die Modernisten wollten die Kultur der sogenannten *Renaixença* in eine moderne, nationale Kultur umformen, und das katalanische Bürgertum begrüßte diesen Gedanken sehr. Die zahlreichen Ausdrucksformen ermöglichten es ihnen, die Kunst ins tägliche Leben einzubauen, wodurch sie ein Symbol wirtschaftlicher Macht und eines neuen kosmopolitischen Denkens wurde. Die Modernisten haben in der Architektur der Stadt die meisten Spuren hinterlassen.

Der heilige Georg

Der heilige Georg gilt als Schutzheiliger Kataloniens. Die Symbolkraft seines Kampfes mit dem Drachen wurde gerne benutzt, um nationalistischen Gefühlen Ausdruck zu verleihen. Der Drache ist das Sinn-

Der heilige Georg, Schutzheiliger Kataloniens, besiegt den Drachen

Die Casa Fuster galt als das teuerste Gebäude der Stadt

bild des Bösen, das das Land in seinem Würgegriff hält, und es bedarf in Katalonien, das jahrhundertelang von verschiedenen Herrschern und Königen unterdrückt und klein gehalten worden war, keiner weiteren Erklärungen. Darstellungen des Drachens und des heiligen Georg findet man daher auch an vielen Orten der Stadt.

Casa Fuster

Die Geschichte des Hotels Casa Fuster ist beispielhaft für das wechselhafte Schicksal der reichen Elite Barcelonas. In diesem Fall kam es zu einem glücklichen Ende, das es möglich macht, ein solch wunderschönes Gebäude wie die Casa Fuster heute noch zu bewundern. Mariano Fuster, der der gehobenen Klasse Mallorcas angehörte, ließ sich Ende des 19. Jahrhunderts in Barcelona nieder, wo er später Consuela Fabra, die Tochter des Markgrafen von Alella, heira-

Wie alle alten Städte ist auch Barcelona eine Summe von Ruinen. Die großen Herrlichkeiten, deren sich viele brüsten, Paläste, Faktoreien und Monumente, Insignien, mit denen wir uns identifizieren, sind bloß noch Leichen, Reliquien einer untergegangenen Zivilisation.

Genießen in den weitläufigen Räumen des Café Vienés

tete. Er beschloß, für seine Frau ein spektakuläres Haus zu bauen, und kaufte das Grundstück am Ende des Passeig de Gràcia. Als Architekten verpflichtete er keinen geringeren als Lluís Domènech i Montaner, der auch den inzwischen weltberühmten Palau de la Música Catalana entworfen hatte. Domènech i Montaner war ein Anhänger des *Modernisme*, und das Haus, das er konzipierte, war geradezu spektakulär und galt zu jener Zeit als das teuerste Gebäude der Stadt. Das ist nicht weiter verwunderlich, schon allein die Außenfassade war ausschließlich aus weißem Marmor gefertigt, und beim Bau wurden nur die besten Materialien verwendet.

1911 konnte die Familie Fuster nach dreijähriger Bauzeit in den gigantischen Palast einziehen. Sie bewohnte den 1. Stock und unterhielt im Erdgeschoß einen Salon für ihre sozialen Verpflichtungen. Die übrigen Stockwerke wurden vermietet. Leider mußte die Familie schon zu Beginn der zwanziger Jahre wieder ausziehen, da sich die Unterhaltskosten für das Gebäude als zu hoch erwiesen.

Vor allem der Salon im Erdgeschoß erlebte danach eine wechselvolle Geschichte – unter anderem war dort einige Zeit ein Herrenfriseur ansässig –, bis die Energiegesellschaft Enher das Gebäude aufkaufte. Der Plan von Enher, den gesamten Bau abzureißen, um an dieser Stelle ein funktionales Hochhaus zu errichten, stieß bei der Stadtbevölkerung auf derart großen Widerstand, daß die Gesellschaft schließlich davon Abstand nahm und in das bestehende Gebäude einzog.

Im Jahr 2000 wurde die Casa Fuster von Hoteles Center aufgekauft, in altem Glanz wiederhergestellt und zu einem Fünf-Sterne-Luxushotel mit 96 Zimmern umgebaut. Der Respekt vor dem ursprünglichen Entwurf und die sorgfältige Verarbeitung hochwertiger Materialien haben dem Gebäude die Eleganz und den Charme früherer Zeiten wiedergegeben. Die Einrichtung ist modern und luxuriös, bleibt aber in Harmonie mit den modernistischen Details. Der Salon im Erdgeschoß ist jetzt das Café Vienés. Die großen, verzierten Fenster blicken auf den Passeig de Gràcia. Die gewölbte, goldfarbene Decke, die Säulen und die Sofas, die sanft geschwungen den Raum unterteilen, schaffen eine exklusive Atmosphäre. Wo früher die Kutschen hineinfuhren, liegt jetzt die in schwarzem Marmor gehaltene Eingangshalle des Hotels. Im 1. Stock liegt das Restaurant Galaó, wo die besten Traditionen der katalanischen Küche mit avantgardistischer Kreativität verbunden werden. Das Design der gewölbten Decken und Säulen wiederholt sich auch im Untergeschoß, in dem der Frühstücksraum des Hotels zu finden ist.

Ganz oben gibt es eine Terrasse, die einen herrlichen Ausblick bietet über den Passeig de Gràcia und den Barri Gòtic sowie über die Hügel, die sich hinter dem Hotel erheben. Ein winziger Pool dient der Abkühlung, daneben befinden sich Fitneßraum und Sauna.

Die Preise entsprechen dem gebotenen Luxus. Wer nicht das Geld für eine Übernachtung ausgeben will, kann im Restaurant essen oder im Café Vienés etwas trinken. Casa Fuster ist ganz sicher einen Besuch wert, um einen Eindruck der Großartigkeit modernistischer Gebäude zu bekommen. An solchen Orten kann man wahrlich träumen von dem Leben, das die reichen Familien in dieser Zeit geführt haben müssen.

Hotel Casa Fuster, Passeig de Gràcia, 132,
www.hotelcasafuster.com

Um die Jahrhundertwende floß das Geld in Barcelona scheinbar in Strömen und alles schien möglich, doch die Entwicklung der Weltwirtschaft und die politische Situation in Spanien

ließen die schillernde Seifenblase platzen. 1898 gingen die letzten überseeischen Kolonien verloren, und zu Beginn des 20. Jahrhunderts war ganz Spanien ein Land voller politischer Ungewißheiten. Der Graben zwischen Arm und Reich war so groß, daß Konflikte unvermeidlich wurden. Ein Staatsstreich löste den nächsten ab.
Während der wiederaufkeimende katalanische Nationalismus vor allem den Künsten einen ungekannten Aufschwung bescherte, sorgten die Diktaturen von Rivera und Franco dafür, daß alles, was als bürgerlich galt, vernichtet wurde. Eine ganze Reihe wunderbarer Gebäude des Fin de siècle wurde abgerissen, und nur weil man den Aufwand scheute, blieben einige wichtige Denkmäler erhalten. Sie wurden ihrem Schicksal überlassen und verfielen. Erst gegen Ende des 20. Jahrhunderts entstand wieder ein Bewußtsein für die Bewahrung dieser Schätze.

Casa Milà

Das großzügige Wohnhaus, dem die Barcelonesen den Namen La Pedrera – Steinbruch – gegeben haben, wurde nach seiner Vollendung mit sehr gemischten Gefühlen aufgenommen und war Gegenstand zahlloser Karikaturen.
Der Bau dauerte von 1906 bis 1910, und Gaudí hat dafür gesorgt, daß keine einzige gerade Linie und keine einzige Ecke vorhanden ist. Es handelte sich um ein Neubauprojekt, was

Bewegter Stein

bedeutete, daß Gaudí sich mit jedem einzelnen Detail beschäftigte und alles aufeinander abgestimmt werden konnte. Die natürlichen Formen und Linien wiederholen sich überall im Gebäude. Von außen sieht es so aus, als bewegte sich die Vorderfront wie durch eine Welle geschoben um die Ecke, wodurch das Gebäude weniger massiv und schwer wirkt. Die Steinfläche wird kunstvoll unterbrochen durch schmiedeeiserne Balkons.

Die heutige Besitzerin, die Stiftung Caixa Catalunya, hat das Gebäude für Besichtigungen, Ausstellungen und Kulturveranstaltungen der Allgemeinheit zugänglich gemacht. Das oberste Stockwerk ist vollständig renoviert und eingerichtet im Stil des beginnenden 20. Jahrhunderts. Geboten wird auch eine Ausstellung über das Leben und Werk Gaudís. Modelle, Fotos und Videopräsentationen bieten ein umfassendes Bild seiner Arbeit und seiner Lösungen für die speziellen bautechnischen Probleme seiner Entwürfe. Gaudí hatte in vielerlei Hinsicht sehr fortschrittliche Ideen, die jedoch häufig ihrer Zeit weit voraus oder aus finanziellen Gründen nicht umsetzbar waren. So wollte er beispielsweise, daß alle Bewohner ihre Automobile (die damals gerade erst in Mode kamen) neben dem Eingang ihrer Wohnung parken konnten. Das hätte allerdings so viel Platz gekostet, daß es nicht zu realisieren war. Als Alternative entwarf Gaudí ein unterirdisches Parkhaus.

Berühmt sind die Schornsteine auf dem Dach, welche Science-fiction-Kriegern ähneln, die ein Fort bewachen. Fotos und Reproduktionen davon fehlen in keinem Souvenirladen, sie dienen als Motiv für Poster, Magnete, Karten, ja sogar als Salz- und Pfefferstreuer.

Für die Besichtigung des Hauses muß man Eintritt bezahlen, aber es gibt meistens eine kostenlose Ausstellung im Ausstellungsraum. Im Souterrain befindet sich ein Museums- und Souvenirladen.

Casa Milà, Passeig de Gràcia, 92,
www.lapedreraeducacio.org

Manzana de la Discordia

Auf dem Passeig de Gràcia stehen drei der bekanntesten Bauwerke des *Modernisme*. Obwohl sie in der Blütezeit des *Modernisme* entstanden sind, lassen die großen Unterschiede erkennen, welchen eigenen Weg jeder der Architekten eingeschlagen hat.

Mein Vater verkaufte Versicherungen. Als Kind mußte ich in den Ferien für ihn arbeiten und den Leuten ihre Policen bringen. Wegen dieses Urlaubsjobs kenne ich nicht nur die Stadt und die verschiedenen Viertel sehr gut, ich kam auch überall hinein und sah, wie die Menschen lebten und wie ihre Häuser ausgestattet waren. Jahrelang habe ich auf diese Art und Weise meine Ferien verbracht, und ich habe es gehaßt. Meine Freunde hatten wirklich Ferien, gingen ins Kino, hingen ein bißchen herum.
Aber immerhin kam ich in alle Viertel, in Fabriken und Warenhäuser, zu steinreichen Typen und zu Leuten, die bitterarm waren. Meistens ging ich zu Fuß, nur manchmal nahm ich den Bus oder die U-Bahn. Ich habe auch Schulden, Bargeld und Schecks eingetrieben. Alles Dinge, die heute von der Bank erledigt werden. Niemand klopft mehr für Versicherungen an der Tür an, aber vor dreißig Jahren war das gang und gäbe.

Casa Batlló

Dies ist das bekannteste der drei Gebäude, Gaudí entwarf es für den Textilbaron Batlló i Casanovas. Es war kein Neubau, ein älteres Haus wurde von ihm erheblich umgebaut. Es heißt, es stelle den Kampf des heiligen Georg mit dem Drachen dar. Tatsächlich ist das Dach gewellt wie ein Drachenrücken, und die Außenfassade ähnelt einer Schuppenhaut. Die schädelförmigen Balkone sind ein beliebtes Fotomotiv. Knochen und Sehnen umrahmen die Fenster. Alles bewegt sich und glitzert, und weder innen noch außen ist auch nur ein einziger rechter Winkel zu erkennen. Gaudí hat hier nicht nur die Außenansicht des Hauses gestaltet, sondern war auch verantwortlich für die komplette Inneneinrichtung und die Möbel.
Nicht alle Teile des Gebäudes sind zugänglich, da es sich im Besitz eines privaten Unternehmens befindet.

Casa Batlló, Passeig de Gràcia, 43, www.casabatllo.es

Casa Amatller

Neben der Casa Batlló liegt die Casa Amatller, die von dem Architekten Josep Puig i Cadafalch entworfen wurde. Er nahm Einflüsse und Ideen aus anderen Teilen Europas auf, so erinnert zum Beispiel die Fassade an ein Amsterdamer Grachtenhaus. Die recht strengen, neugotischen und geometrischen Formen werden durch spiralförmige Elemente und Verzierungen unterbrochen. Seltsame Tierskulpturen bevölkern die Fassade und scheinen nach oben zu klettern.

Zugänglich ist nur das Erdgeschoß. Die Eingangshalle führt etwas weiter hinten zur Küche des ehemaligen Schokoladengeschäfts Amatller. Hinten rechts befindet sich der Ausstellungsraum der Stiftung Amatller, in dem wechselnde Ausstellungen stattfinden.

In einem kleinen Buch- und Souvenirladen werden noch Tafeln der Amatller-Schokolade verkauft.

Casa Amatller, Passeig de Gràcia, 41

Casa Lleó Morera

Die Casa Lleó Morera ist immer noch eines der großartigsten Gebäude, das allerdings schwer unter dem Bürgerkrieg gelitten hat. Auch der Umbau des Erdgeschosses in ein Ladengeschäft in den vierziger Jahren des letzten Jahrhunderts war nicht unbedingt von Vorteil. Der Bau war beispielsweise verziert mit Figuren des Bildhauers Eusebi Arnau, die jedoch zerstört oder entfernt wurden. Im Gegensatz zu Gaudís Arbeiten wirkt dieses Gebäude viel luftiger und leichter.

Der Architekt, Lluís Domènech i Montaner, war einer der Pioniere, die den *Modernisme* als eine eigene Richtung des Jugendstils entwickelt haben.

Auch dieses Gebäude ist in Privatbesitz und darum nur von außen zu besichtigen.

Casa Lleó Morera, Passeig de Gràcia, 35

Casa Vinçon

Lassen Sie sich nicht von der strengen, schwarzen Einrichtung abschrecken. Im Erdgeschoß ist im Gegensatz zur ersten Etage tatsächlich nicht mehr viel von der ursprünglichen Atmosphäre zu entdekken. Sobald man jedoch die Treppe in dem dort ansässigen Designermöbelgeschäft hinaufgeht, kommt ein riesiger offener Kamin in Sicht, um den herum moderne Möbel gruppiert sind. Bei einem Rundgang durch den Laden kann man

Orangenbäume auf dem Passeig de Gràcia

Die Arbeit mit den Versicherungspolicen habe ich gemacht, bis ich achtzehn oder neunzehn war und aus dem Haus ging. Mein Vater hat in diesem Moment begriffen, daß ich nicht sein Nachfolger werden würde. Ich wollte furchtbar gerne mehr Zeit für mich selbst. Es war also nicht heldenhaft, so jung, zumindest für die damaligen Verhältnisse, aus dem Haus zu gehen. Es war für mich schlicht eine bittere Notwendigkeit.

So war das auch mit Los Angeles. Ich hatte als Kind und Teenager nie das Gefühl, in Barcelona wirklich glücklich zu sein. Je weiter ich weg war, desto besser ging es mir. Die Gründe hierfür werden im Lauf der Zeit immer weniger wichtig, man stellt es einfach fest. Mir kam es also schon eher spät vor, als ich mit neunundzwanzig nach Los Angeles umzog. Ich spielte damals nämlich schon geraume Zeit mit dem Gedanken, für eine Weile wegzugehen, wußte aber noch nicht so recht, wie ich das anpacken sollte. Bis ich einem früheren Freund über den Weg lief, der dort zu diesem Zeitpunkt als Drehbuchautor arbeitete. Und er brachte mich auf die Idee, es ihm gleichzutun. Diese Tätigkeit würde mir außerdem die Möglichkeit geben zu schreiben, was ich wollte und wann ich es wollte, ohne daß ich mich durch finanzielle Umstände gezwungen fühlen müßte, ein Buch nach dem anderen zu produzieren. Ich hatte damals schon einige Jugendbücher geschrieben, und eines davon hat einen Preis gewonnen.

sich an alten Decken, prächtigen Mosaikböden und eleganten Holzschnitzarbeiten erfreuen. Es gibt auch eine Tür zu einem Innenhof, der übrigens an La Pedrera grenzt. Nicht alles ist erhalten geblieben, da dieser Hof als Ausstellungsraum für Gartenmöbel dient, aber es gibt ein paar auffällige und schöne Details, und es ist dafür, daß man sich mitten in der Stadt befindet, ungewöhnlich ruhig.

Casa Vinçon, Passeig de Gràcia, 96, www.vincon.com

Casa de les Punxes

Der Name kommt von den spitzen Türmchen auf dem Dach (*punxes:* Zacken). Der Architekt Josep Puig i Cadafalch hat sich hier eindeutig von mittelalterlichen Burgen inspirieren lassen. Die aneinandergebauten Häuser sind Privatbesitz und daher nicht von innen zu besichtigen. Vielleicht steht gerade zufällig eine Tür offen, und man kann einen Blick in die Eingangshalle und die Keramiken dort werfen.

Durch ihr auffallendes Äußeres

ist die Casa de les Punxes eines der markantesten Gebäude des Eixample-Viertels. Sie ist außerdem ein Beispiel für die Bedeutung, die die Entwicklung eines eigenen Stils, des *Modernisme*, für das Bewußtsein Kataloniens hatte. Denn auf einer Tafel an der Hausseite, die zum Carrer del Rosselló geht, wird der heilige Georg, der in der Legende den Drachen besiegt, angerufen: Schutzheiliger von Katalonien, gib uns unsere Freiheit zurück.
Ecke Diagonal und Carrer del Rosselló

La Sagrada Família

Bereits 1882 wurde der Grundstein für den Temple Expiatori de la Sagrada Família (den Sühnetempel der Heiligen Familie) gelegt. Das Geld dafür kam von einer Stiftung, die zur Anbetung der Heiligen Familie gegründet worden war. Die Heilige Familie diente den Mitgliedern der Stiftung als Sinnbild eines eigenständigen katalanischen Staates, der in ihrer Sicht eindeutig patriarchalisch aufgebaut und nicht durch die freisinnigen Ideale der modernen Zeit unterwandert sein sollte.

Der ursprüngliche Entwurf von Francesc Del Villar sah eine neugotische Kirche vor, doch

Sagrada Família: Noch immer sind die Baukräne höher als die Kirchtürme

Gaudí, der 1883 das Projekt übernahm, nachdem Francesc Del Villar es wegen Unstimmigkeiten verlassen hatte, hatte eindeutig größere Pläne. Nicht mehr alle Ideen können heute umgesetzt werden, da 1936 im Bürgerkrieg eine wütende Meute die Krypta und den Arbeitsplatz Gaudís stürmte und viele Modelle zerstörte.

Die Fassaden der Sagrada Família stellen das Leben Jesu von dessen Geburt bis zu seinem Tod dar. Der Innenraum symbolisiert das heilige Jerusalem, in dem der auferstandene Christus herrschen wird.

Die Geburtsfassade auf der

Wasserspeier à la Gaudí

Seite des Carrer de Marina scheint von bildhauerischen Werken übergossen: die Heilige Familie, Engel, Tiere und Pflanzen, die ganze Schöpfung jubelt der Geburt Christi zu. Diese Fassade Richtung Osten mit den drei Eingängen, die Glaube, Liebe und Hoffnung gewidmet sind, fängt das erste Licht des Tages ein.

Auf der anderen Seite Richtung Westen (Carrer de Sardenya) befindet sich die Leidensfassade. Hier ist im Augenblick – wenn auch befristet – der Haupteingang. Josep M. Subirachs, der 1986 damit beauftragt wurde, die Arbeit an der Kirche fortzusetzen, hat viel Kritik geerntet für seine wenig dem Gaudíschen Stil ähnelnden, eckigen, harten Skulpturen, die den Schmerz und die Erniedrigungen in der letzen Lebensphase Jesu darstellen. Es ist nicht mehr nachzuvollziehen, was Gaudí selbst daraus gemacht hätte, aber er hatte sich sehr bestimmt darüber geäußert, daß diese Fassade absolut das Gegenteil der Geburtsfassade sein müsse. Diese Seite symbolisiert Trübsal, Elend, Tod.

Im Süden (Carrer de Mallorca) soll die Glorienfassade entstehen, auf der es um Sünden und Tugenden gehen und deutlich werden soll, daß nur Gebete und Sakramente zum Himmel führen können. Nach Abschluß der Bauarbeiten wird hier der Haupteingang liegen.

Gaudí hatte offensichtlich vor, die ursprüngliche Form der Kirche in die Höhe zu strecken. Mit 18 Türmen wollte er den Blick des Betrachters zum Himmel richten. Er selbst hat nur die Errichtung eines einzigen Turmes erlebt, und nicht einmal des höchsten. Aus seinen

Relief der Leidensfassade

Plänen geht hervor, daß er noch viel höhere Türme hatte bauen wollen.

Aufgrund der Tatsache, daß die Sagrada Família nur mit Geld aus Privatspenden gebaut werden darf, schreitet der Bau – vor allem der der Türme – nur sehr langsam voran. Bereits zu der Zeit, als Gaudí selbst noch hier arbeitete, wurden die Bautätigkeiten regelmäßig unterbrochen, wenn die Geldquellen ausgeschöpft waren.

Auch der Innenraum ist eine einzige Baustelle, weshalb von einem stillen, sakralen Raum nicht die Rede sein kann. Dennoch ist ein Besuch der Sagrada Família unerläßlich. Jeder Zentimeter, den Gaudí hat errichten lassen, ist genau ausgearbeitet und verziert, und es gibt viel zu besichtigen.

Das Museum in der Krypta erläutert die Geschichte der Kirche anhand von Zeichnungen und Modellen und erlaubt einen Blick auf den Arbeitsplatz Gaudís. Die Türme kann man besteigen. Zwei der Türme der Geburtsfassade sind durch eine Brücke verbunden und bieten einen herrlichen Ausblick. Jeden Tag werden Führungen angeboten, außerdem gibt es Audioführer.

Ein guter Anfang ist es, erst einmal um die Kirche herumzulaufen, bevor man sich ins Innere begibt.

Carrer de Mallorca, 401,
www.sagradafamilia.org
www.subirachs.org

Hospital de la Santa Creu i Sant Pau

Die Avinguda de Gaudí verbindet die Sagrada Família mit dem Hospital de la Santa Creu i Sant Pau. Lluís Domènech i Montaner entwarf diesen außergewöhnlichen Komplex von Pavillons, der noch immer als Krankenhaus genutzt wird. Der Entwurf hatte das Ziel, die Patienten bei ihrer Genesung durch Farbe, Natur und frische Luft zu unterstützen. Es sollte kein deprimierendes Labyrinth kahler, weißer Gänge werden.

Der Architekt kam auf die brillante Idee, den gesamten Bauplatz zu untertunneln und die technischen Einrichtungen in den Gängen unter der Erde anzusiedeln, von denen aus man leicht alle Abteilungen erreichen kann. Er entwarf einen großen Garten mit Pavillons, in denen die einzelnen Stationen und Säle untergebracht sind und löste sich vom strengen Schema gerader Gänge. Jeder Pavillon ist einzigartig und mit vielen besonderen Details farbig ausgestattet.

Führungen durch das Hospital

Professor Velázquez hatte sein Zimmer im zweiten Stock der Philosophischen Fakultät, zuhinterst in einem Gang mit Schachbrettfliesen, der zum südlichen Kreuzgang hinausführte. Ich fand ihn in der Tür zu einem Vorlesungsraum, wo er vorgab, einer Studentin mit spektakulärer Figur zuzuhören, die ein granatrotes, hautenges Kostüm trug und hellenische, in feinen Seidenstrümpfen glänzende Waden sehen ließ.

bietet der Centre del Modernisme (10-14 Uhr) an, der dort einen Informationsschalter hat. Ein diskreter Spaziergang im Garten ist auch allein möglich.
Carrer de Sant Antoni Maria Claret, 167, www.santpau.es
www.rutadelmodernisme.com

Universitat de Barcelona

Die Universität von Barcelona wurde bereits 1450 gegründet. Das heutige Gebäude wurde von 1860 bis 1872 mit einigen Unterbrechungen wegen Geldmangels gebaut. Die Außenseite ist durch den katalanisch-römischen Stil geprägt. Andere Phasen der spanischen Geschichte spiegeln sich in den mozarabischen und byzantinischen Elementen der Innendekoration wider, während die Eisenträger der Bibliothek völlig kahl blieben.
Das Gebäude ist zu einem großen Teil für Besucher geöffnet. Vom Haupteingang führt

Die Galerie, in der sich Daniel und Bea treffen

Vitamin C in Reichweite

rechts eine breite Treppe von der Eingangshalle in den ersten Stock, in dem der Flur zu finden ist, in dem Daniel Beatriz begegnet.

Aufgrund der Steinflure hallt das Klappern von Absätzen laut durch die Galerien. Nicht alle Wandelgänge sind zu betreten, aber in dem alten Bau kann man in aller Ruhe umhergehen, ein paar Gemälde bewundern, den Innenhof genießen oder die Bibliothek besuchen. Es ist ein merkwürdiges Gefühl, zwischen all den alten Büchern zu stehen und gleichzeitig das schnelle Klicken der Computertasten zu hören. Fotografieren ist auf den Galerien kein Problem, in der Bibliothek aber verboten.

Gran Via de les Corts Catalanes, 585, www.ub.es

Es war nahezu Mitternacht, als wir vor ihrer Haustür ankamen. Wir hatten fast den ganzen Weg schweigend zurückgelegt, da wir nicht auszusprechen wagten, was wir dachten. Wir gingen getrennt, verbargen uns voreinander. Mit ihrer Tess *unter dem Arm schritt Bea kerzengerade dahin, und ich folgte ihr eine Spanne zuruck, die Berührung des Kusses auf den Lippen. (...) Die letzten Stunden hatten sich in einer anderen Welt abgespielt, einer Welt von Blicken, die ich nicht begriff und die mir den Verstand raubten. Jetzt, auf dem Rückweg in die Wirklichkeit des Ensanche-Viertels, löste sich der Bann, und ich empfand nur noch schmerzliches Verlangen und namenlose Unruhe.*

Haus der Familie Aguilar

Wo genau das Haus der Familie Aguilar zu finden ist, ist im Roman nicht angegeben. Es heißt nur, daß es im Stadtviertel Eixample liegt. Carlos Ruiz Zafón selbst sagt, daß er keine konkrete Adresse vor Augen hatte, aber um doch einen Eindruck davon zu bekommen, um welche Art von Haus es sich handeln könnte, schlägt er vor, die Häuser an der Kreuzung Carrer Aribau und Consell de Cent zu betrachten. Die Kreuzung liegt gleich hinter der Universität, und es lohnt sich, den Consell de Cent noch ein Stückchen bis zum Carrer Enric Granados weiterzulaufen und dort nach rechts abzubiegen, denn hier stehen ein paar wunderschöne Häuser mit farbenfrohen Kacheln an den Fassaden.

Mit dem Arc de Triomf als Startpunkt sollte man es nicht versäumen, über die großen

Arc de Triomf

Straßen wie Passeig de Sant Joan, Carrer d'Ausiàs March, Carrer del Bruc und Carrer del Casp sowie die kleineren Seiten- und Parallelstraßen zu schlendern, denn nirgends stehen so viele modernistische Gebäude auf so engem Raum beieinander. Hier gibt es prächtige Portale zu sehen, reich dekorierte Eingangshallen oder gut erhaltene, alte Fahrstühle mit Glaseinsätzen und samtüberzogenen Holzbänken. Ursprünglich waren alle Wohnungen in diesen Mehrfamilienhäusern sehr großzügig bemessen. Inzwischen wurden daraus jedoch fast immer mindestens zwei Appartements gemacht, wie man schon an den Klingeltafeln außen erkennen kann. Genug Platz bleibt aber immer noch.

Im Carrer de Casp finden Sie die Casa Calvet inmitten anderer schön restaurierter, authentisch wirkender Gebäude. Die Casa Calvet ist das einzige Haus, für das Gaudí jemals einen Preis erhalten hat. Es beherbergt inzwischen ein Restaurant, bei dessen Besuch man es sich von innen ansehen kann.

Von der Casa Calvet ist es nur ein kurzer Weg bis zum Passeig de Gràcia oder zur Plaça Catalunya.

Casa Calvet, Carrer de Casp, 48

De Tapa Madre

Außer an den Tischen werden die ausgezeichneten Gerichte hier auch an einer langen Bar serviert oder – bei gutem Wetter – draußen. Eine Portion *Jamón* ist hier recht teuer, aber serviert wird auch beste Qualität.

Ecke Carrer de Mallorca, 301
und Carrer del Bruc,
www.detapamadre.com

Roig Robí

Die traditionelle katalanische Küche auf der Basis saisonaler Zutaten erhält hier subtil einen modernen Einschlag, ohne ihre Ursprünglichkeit zu verlieren. Recht teuer – obwohl das Preis-Leistungsverhältnis stimmt –, aber in diesem schönen, stilvoll eingerichteten Restaurant in einer kleinen Straße etwas abseits der touristischen Hauptrouten versteht man sein Fach.

Carrer de Sèneca, 20,
www.roigrobi.com

Hintergrundinformationen zu den wichtigsten modernistischen Architekten

Antoni Gaudí i Cornet (1852–1926)

Geboren und aufgewachsen auf dem Land, wo er viel Zeit in der Natur verbrachte, kam Antoni Gaudí im Alter von 18 Jahren nach Barcelona, um Architektur zu studieren. Die meisten von Gaudís Arbeiten sind in Barcelona zu finden. Zu seinen Lebzeiten und darüber hinaus sollten die Meinungen über ihn geteilt bleiben: War er ein Verrückter oder ein Genie? Für seine Entwürfe suchte er Anregungen in mittelalterlichen Schriften, in der gotischen Architektur, die mit der Neugotik gerade wieder in den Blick rückte, in orientalischen Bauwerken und in den organischen Formen und Strukturen der Natur. Gerade Linien und rechte Winkel sucht man bei ihm vergeblich.

Der junge Architekt Gaudí war mit seinen Ideen im Barcelona der Jahrhundertwende am richtigen Ort. Die Textilindustrie, die einen enormen Aufschwung erlebte, brachte großen Reichtum, und die neureichen Fabrikanten und Kauf leute wollten sich mit prestigeträchtigen Projekten und Kunst umgeben. Dennoch war sein erster Großauftrag ein Wohnungsprojekt für Fabrikarbeiter. Da er selbst einer Familie von Kupferschmieden entstammte, fühlte er sich der Arbeiterklasse zeit seines Lebens

Sonntagmorgengespräch

verbunden. Gaudís Entwurf für dieses Projekt galt allerdings als zu fortschrittlich, so daß nur ein kleiner Teil der Fabrik und ein Kiosk tatsächlich gebaut wurden.

Die Jahre 1900 bis 1907 gelten als seine kreativste Periode, in der seine bekanntesten Entwürfe und Gebäude entstanden (z. B. Casa Battló, Park Güell, Kirche der Colònia Güell und Casa Milà). In allen Bauwerken zeigte sich Gaudís Treue zu zwei »Religionen«: er war tiefgläubiger Katholik und überzeugter Katalane. Obwohl seine Entwürfe heute vor allem in ihrer dekorativen Farben- und Formenvielfalt wahrgenommen werden, hatte Gaudí mehr als nur einen künstlerischen Anspruch. Seine Werke sind oftmals bis ins kleinste Detail durchdrungen von Symbolik. Früchte und Pflanzen beispielsweise sind nicht nur schmückende Elemente, sondern verweisen auch auf biblische Darstellungen. Manchmal aber wehrten sich seine Auftraggeber gegen das, was sie als religiöse Zurschaustellung empfanden. Als Gaudí auf der Vorderseite der Casa Milà eine vier Meter hohe Bronzeplatte mit einem Bild der Muttergottes anbringen lassen wollte, ging dies dem Eigentümer entschieden zu weit, und Gaudís Vorhaben wurde nicht realisiert.

Gaudí bastelte wie besessen an seinen Entwürfen und arbeitete sie bis hin zum letzten winzigen Detail aus. So meinte sein Auftraggeber Milà, daß Gaudí nicht so sehr seinen Geldbeutel als vielmehr seine Geduld auf eine harte Probe stellte, da ständig etwas verändert und verbessert werden mußte, wodurch die Fertigstellung endlos auf sich warten ließ.

Von 1918 bis zu seinem Tod widmete sich Gaudí nur noch einem einzigen Projekt: der Sagrada Família, deren Bauleitung er bereits 1883 übernommen hatte. Er lebte zeitweise wie ein Einsiedler in einer Hütte auf der Baustelle, wei-

Anbruch der Nacht

gerte sich, ein Gehalt zu empfangen, und bettelte bei allen um Geld, um seine Arbeit an der Kirche fortsetzen zu können. Als er am 7. Juni 1926 von einer Straßenbahn angefahren wurde, erkannte niemand den alten Mann in seiner verschlissenen Kleidung, und er wurde in die Armenabteilung des Hospital de Santa Creu i Sant Pau eingeliefert. Erst am nächsten Tag (manche Quellen sprechen auch von mehreren Tagen) entdeckte man, daß es sich bei ihm um den berühmten Architekten handelte. Am 12. Juni starb Gaudí. Er wurde in der Krypta der Sagrada Família bestattet.

Lluís Domènech i Montaner (1850–1923)

Lluís Domènech i Montaner interessierte sich von Kindheit an leidenschaftlich für Architektur. Er begann zwar Physik und Ingenieurwesen zu studieren, schloß sein Studium jedoch letztlich als Architekt ab. Im Gegensatz zu Gaudí, der eher menschenscheu und etwas sonderlich war, pflegte Lluís Domènech ein reges gesellschaftliches Leben als Architekt, Historiker, Verleger, Designer, Lehrer und katalanischer Regionalpolitiker.

In seinen Bauwerken verwendete er zahlreiche historische Elemente, die er von seinen Reisen durch Europa mitbrachte, und vermischte diese mit traditionellem katalanischem Kunsthandwerk. Domènech sah sich selbst als Pionier der neuen Kunstrichtung und trug mit vielfältigen Ideen zum Konzept des *Modernisme* bei. Ein Ziel war es, die Vergangenheit in der Gegenwart weiterleben zu lassen und gleichzeitig einen Vorgriff in die Zukunft zu wagen. Seine Bauwerke sind eine Mischung aus Rationalismus und reicher Verzierung, die inspiriert war von der spanisch-arabischen Architektur und den fließenden Linien des Jugendstils. Er arbeitete mit den modernsten Materialien und hatte außergewöhnliche Kenntnisse von neuen industriellen Fertigungstechniken. Insgesamt gilt sein Stil als etwas leichter und luftiger als der Gaudís.

Lluís Domènech starb am 27. Dezember 1923 in Barcelona.

Seine bekanntesten Werke in Barcelona sind das Restaurant im Parc de la Ciutadella, gebaut für die Weltausstellung 1888 (beherbergt jetzt das Zoologische Museum); Casa Lleó Morera (1905); Palau de la Música Catalana (1908) und Hospital de la Santa Creu i Sant Pau.

Josep Puig i Cadafalch (1867–1956)

Josep Puig i Cadafalch, geboren in Mataró bei Barcelona, war der dritte große Architekt des *Modernisme.*

In seiner Arbeit zeigt sich Puig als Traditionalist, als nationalbewußter Katalane. Seiner Meinung nach hatten lokale Einflüsse weit mehr Bedeutung für Kunst und Kultur als internationale, weshalb er sich selbst nicht zur modernistischen Bewegung Europas zählte.

Für ihn war Barcelona der Süden des Nordens. Katalonien, das sich kulturgeschichtlich gesehen bis weit hinter die Pyrenäen, also bis nach Frankreich hinein erstreckt, hatte stärkere Bande mit der mitteleuropäischen Kultur, ihren Normen und Werten, als mit den spanisch-arabischen Traditionen, die Spanien wesentlich geprägt haben. Die von Puig verwendeten Stilelemente, die eher der deutschen oder flandrischen Kunst entlehnt scheinen, grenzen sich deutlich von der Architektur im Rest des Landes ab und sind damit Ausdruck des katalanischen Nationalismus. Im Gegensatz zu seiner frühen Phase, in der ländliche Elemente vorherrschten, erscheinen die Gebäude aus seiner späteren Phase pragmatischer und strenger. In seiner letzten Phase widmet er sich zunehmend dem Entwurf monumentaler Bauwerke.

Genau wie Domènech war auch Puig ein vielseitiger Mann (Architekt, Innenarchitekt, Möbeldesigner, Archäologe, Raumplaner und Politiker).

1936, als die Gefahr eines Bürgerkrieges offensichtlich wurde, flüchtete er aus dem Land und kam erst 1943 zurück. 1957 starb er in Barcelona.

Seine bekanntesten Werke in Barcelona sind Casa Amatller, Casa Macaya (1901), Casa de les Punxes (1905), Palau del Baró des Quadres (1906) und Casa Company (1911).

Touristenströme im Park Güell

Beliebtes Fotomotiv

Park Güell

1900 hatte Graf Eusebi Güell die Idee, eine Gartenstadt in englischem Stil zu bauen, und beauftragte Gaudí mit dem Entwurf. Entstehen sollten 60 Privathäuser, umgeben von viel Grün. Gaudí begeisterte diese Idee. Er selbst wohnte von 1906 bis zu seinem Tod 1926 in einem der Häuser. 1914 wurde der Bau jedoch durch den Ausbruch des Ersten Weltkriegs jäh unterbrochen. Zu diesem Zeitpunkt waren erst drei der 60 Häuser fertiggestellt. Es bestand ohne Zweifel nur ein sehr geringes Interesse an Häusern, die sich so weit außerhalb des Stadtzentrums befanden. 1918 starb Güell, und vier Jahre später wurde das riesige Grundstück von der Stadt übernommen und wird seither als Stadtpark genutzt.

Gaudí ging völlig in diesem Projekt auf. Gleich beim Eingang stehen zwei Wärterhäuschen – in einem ist jetzt ein Souvenirladen untergebracht –, von denen behauptet wird, daß sie durch das Märchen von Hänsel und Gretel inspiriert sind. Von dem Meister selbst gibt es leider keine Aufzeichnungen mehr, aber als mit dem Bau begonnen wurde, wurde Humperdincks Oper »Hänsel und Gretel« gerade in katalanischer Sprache aufgeführt.

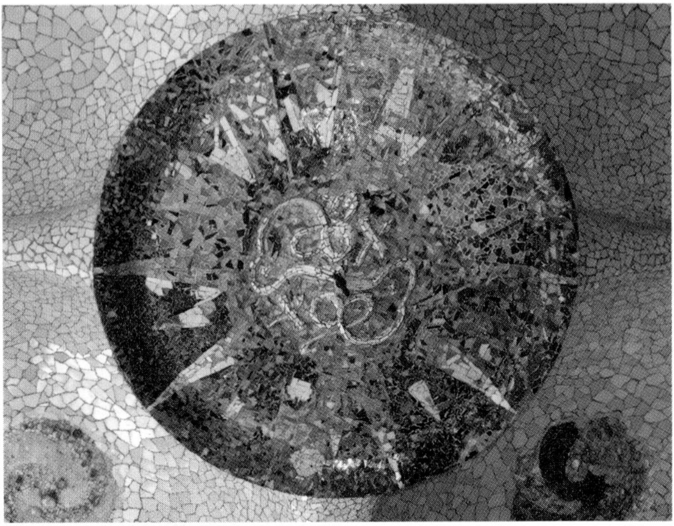

Sonnenmosaik

Die Häuserfassaden sind mit Keramik verziert, das keramische Element zieht sich als Thema durch die gesamte Parkanlage. Eine breite Treppe, vollständig im *Trencadís*-Stil (siehe unten) gehalten, führt vorbei am Leguan – den jeder auf einem Foto festhalten möchte – zur Säulenhalle mit Mosaiken verschiedener Sonnen- und Mondphasen. Die offene, klassische Halle mit 86 dorischen Säulen, eine Hommage an die römischen Wurzeln Kataloniens, war ursprünglich als Markthalle für die Gartenstadt konzipiert, aber dieser Plan ist nicht ausgeführt worden, ebensowenig wie der Bau der restlichen 57 Häuser. Die ausgezeichnete Akustik wird gerne von Straßenmusikanten genutzt.

Oberhalb der Säulenhalle liegt die Plaça de la Naturalesa mit der berühmten schlangenförmigen Sitzbank, die den gesamten Platz umsäumt. Die wellenförmigen Linien der Lehnen und Sitzbänke und die bunten Mosaikfiguren aus abertausenden *Trencandissos* bilden einen fröhlichen, bunten Rand. Auch auf den Spazierwegen hat Gaudí seiner Phantasie freien Lauf gelassen und Grotten und Arkaden mit Tropfsteinformationen geschaffen. An einigen Stellen scheint es, als ob man durch eine steinerne Welle ginge.

Im ehemaligen Wohnhaus Casa Museu Gaudí sind einige von Gaudís persönlichen Besitztümern zu bewundern sowie einige seiner Möbelentwürfe, die genau wie seine Gebäude keine einzige gerade Linie haben. Seine wunderschönen Holzstühle und Bänke sind so organisch geformt, daß man bequem darauf sitzt.
Ein Besuch des Parks ist gratis, das Museum kostet einen kleinen Eintritt. Der Park Güell wurde in den letzten Jahren gründlich renoviert und ist jetzt wieder in voller Pracht zu bewundern. Der Haupteingang liegt am Carrer d'Olot. Wer den recht steilen Fußweg von der Bushaltestelle oder U-Bahn-Station scheut, kann ein Taxi nehmen. Von der U-Bahn-Station Vallcarca aus wird der Zugang zu einem höher gelegenen Teil des Parks durch Rolltreppen erleichtert.

Carrer d'Olot offen von 10 Uhr bis Sonnenuntergang, www.casamuseugaudi.org

Trencadís

Für diese Mosaikkunst werden Kacheln, Glas und Porzellan zerschlagen, um danach die einzelnen Stücke wieder zu neuen Formen zusammenzukleben. In Gaudís Arbeiten spielt diese Kunst eine prominente Rolle. Sein wichtigster Mitarbeiter auf diesem Gebiet war Josep Marià Jujol, der viele Mosaike gestaltet hat.
Es heißt, daß alle Arbeiter der Casa Milà, der Sagrada Família und des Parks Güell den Auftrag erhalten haben, überall in der Stadt Flaschen, Kacheln und Teller zu sammeln und in ein dafür vorgesehenes Lager zu bringen, von wo aus die Scherben zu den einzelnen Bauplätzen gebracht wurden.

Ein Nickerchen auf der Plaça de la Naturalesa

Tibidabo

Tibidabo

Bis in das 19. Jahrhundert hinein wurde nicht außerhalb der Stadtmauern gebaut, und so war in den alten Vierteln von Barcelona aufgrund der wachsenden Bevölkerung Platz ein seltener Luxus. Wohlhabende Familien begannen daher im 19. und zu Beginn des 20. Jahrhunderts im Gebiet um den Tibidabo nördlich des Stadtzentrums ihre beeindruckenden Häuser und Sommerresidenzen zu bauen. Zwischen den Häusern und der Stadt lag ein breiter Grünstreifen. Es war eine ruhige, elegante Gegend, die meilenweit entfernt schien von der Betriebsamkeit der alten Innenstadt. Die Luft am Berg war außerdem vor allem im Sommer weitaus angenehmer. Die großen Gärten rundum verstärkten das Gefühl von Ruhe. Hier wohnte, wer das große Geld hatte, kaum ein durchschnittlicher Stadtbewohner verirrte sich hierher.

Auch heute kann man sich noch an der Atmosphäre des Viertels erfreuen. Prächtige und manchmal eigenwillig gestaltete Häuser wechseln einander ab. In erster Linie finden sich hier Konsulate, Anwalts-

Noch nie war Julián über die Diagonal hinausgekommen. Diese aus Alleen, alten Stammsitzen und auf eine Stadt wartenden Palästen bestehende Linie war eine verbotene Grenze. Oberhalb der Diagonal lagen geheimnisvolle, reiche, legendenhafte Weiler, Hügel und Orte. (...)

Als sie an diesem Nachmittag die Avenida del Tibidabo hinauffuhren, glaubte Julián die Pforten des Paradieses zu durchschreiten. Villen, die ihm wie Kathedralen erschienen, flankierten den Weg. Auf halber Strecke bog der Fahrer ab, und sie fuhren durch das Gittertor einer der Villen. Auf der Stelle setzte sich eine Heerschar von Bediensteten in Bewegung, um den Herrn zu empfangen. Alles, was Julián sehen konnte, war ein majestätisches, dreistöckiges altes Haus. Es war ihm noch nie in den Sinn gekommen, daß an einem solchen Ort wirkliche Menschen wohnen könnten. Er ließ sich durch die Eingangshalle mitziehen, durchquerte einen gewölbten Saal, von dem aus eine von Samtvorhängen gesäumte Marmortreppe in die Höhe führte, und trat in einen großen Raum, dessen Wände vom Boden bis zur Unendlichkeit mit Büchern verkleidet waren.

Einen Großteil meiner Kindheit verbrachte ich hier, in diesem Viertel zwischen all den alten Patrizierhäusern. Ich kam oft mit einem Freund her. Damals standen hier halb verlassene Gebäude, von denen die meisten jetzt verschwunden sind. Inzwischen wird viel neu gebaut, vor allem Villen, fast so wie in Beverly Hills.

kanzleien und Werbeagenturen, die sich die Unterhaltung der Gebäude leisten können.

Der Bau eines Autobahnrings in den 1980er Jahren hat dieses Gebiet allerdings regelrecht in der Mitte auseinandergerissen. Der untere Teil ist vom Berg abgeschnitten, und durch den Verkehrslärm kann von der Ruhe, die für dieses Viertel so bezeichnend war, keine Rede mehr sein. Die wenigsten Häuser hier sind für Touristen zugänglich, aber während eines Spaziergangs sind sie natürlich von außen zu betrachten.

Die mehr als hundert Jahre alte blaue Straßenbahn (Tramvia Blau) fährt noch immer auf den Tibidabo. Und es sind dieselben alten Waggons mit Holzbänken, die kreischend und rumpelnd in einem Tempo nach oben kriechen, daß man meinen könnte, zu Fuß kaum langsamer zu sein. Dennoch sollte man es sich nicht entgehen lassen, in diesem histori-

Einsteigen in die blaue Straßenbahn zum Tibidabo

Immer noch die alte Technik

schen Verkehrsmittel bis zur Endstation zu fahren. Die Straßenbahn folgt der alten Route den Berg hinauf durch das Viertel und endet bei der Seilbahnstation (Funicular Tibidabo), die die Besucher zum Erlebnispark auf dem Tibidabo bringt.

Wer nicht in den Erlebnispark gehen möchte, kann einen kleinen Spaziergang machen oder ins Mirablau, eine alteingesessene Bar, gehen und von der großen Terrasse aus die an klaren Tagen spektakuläre Aussicht über die gesamte Stadt genießen. Später am Abend, gegen 23 Uhr, kann man hier auch tanzen.

Plaça Doctor Andreu, 2

Erlebnispark Tibidabo

Der Erlebnispark Tibidabo besitzt außer den gewöhnlichen modernen auch noch originelle ältere Attraktionen, wie etwa L'Avió, die Kopie eines Flugzeugs, das einem das Gefühl vermittelt, über den Tibidabo zu fliegen.

www.tibidabo.es

El Asador de Aranda

Casa Rovirata oder Frare Blanc – *Der weiße Mönch* aus dem Roman –, wie das Haus zuweilen auch genannt wird, steht genau gegenüber vom Haus Nr. 32. Das inzwischen unter Denkmalschutz gestellte Gebäude ist ein schönes Beispiel für den katalanischen *Modernisme* und ist einen Besuch sicherlich wert,

Verspielte Hausfassade

Der Weiße Mönch

Im Schrittempo fuhr die Trambahn die Baumallee bergauf, und man sah über die Mauern hinweg schloßähnliche Villen in Gärten liegen, die ich mir voller Statuen, Brunnen, Stallungen und verschwiegener Kapellen vorstellte. Ich stand auf der einen Seite der Plattform und erkannte zwischen den Bäumen die Silhouette des Turms von El Frare Blanc. *Als sich die Bahn der Ecke Román Macaya näherte, verlangsamte sie die Fahrt, bis sie beinahe ganz zum Stehen kam. Der Fahrer betätigte die Klingel, und der Schaffner schaute mich tadelnd an.*

»Los, Sie Schlaumeier, beeilen Sie sich, da haben Sie Ihre Nummer zweiunddreißig.«

Ich sprang ab und hörte das Rattern der Straßenbahn im Dunst verklingen.

zumal es heutzutage ein ausgezeichnetes kastilisches Grillrestaurtant beherbergt, das Spezialitäten wie Milchlamm, *Morcilla* (Blutwurst) aus Burgos, *Chuletillas* (Kottelets) und *Jamón de Jabugo*, den ausgezeichneten rohen Schinken, der auf der Zunge zergeht, serviert.
Avinguda Tibidabo, 31,
www.asadoraranda.com

Avinguda Tibidabo 32

Das Haus mit der Nummer 32 in der Avinguda Tibidabo existiert tatsächlich, auch hier ist gegenwärtig ein Unternehmen ansässig. Die Lage des Hauses, seine Fassade und das Eingangstor entsprechen der Beschreibung im Roman. Auch die benachbarten Häuser lassen sich im Roman wiederfinden, was damit erklärt werden kann, daß Carlos Ruiz Zafón eine Zeitlang in diesem Haus für eine Marketingfirma gearbeitet hat. Die Umgebung ist ihm daher wohlbekannt.

Das Haus selbst ähnelt allerdings in keiner Hinsicht dem etwas unheilvoll wirkenden Palazzo aus *Der Schatten des Windes*, aber

Als das Haus Nummer 29 wieder instand gesetzt wurde, wurden alle möglichen komischen Sachen gefunden, und seltsame Dinge geschahen. Ein Mann, der mit dem Bau zu tun hatte, war von meinem Buch besessen und dachte, daß ich über alle diese eigenartigen Vorgänge Bescheid gewußt und sie in meinem Buch verarbeitet hatte. Aber ich mußte ihn enttäuschen, alles Geheimnisvolle im Buch ist reine Fiktion.

Nummer 32

wenn man der Avinguda Tibidabo weiter nach oben folgt, kann man auf halber Höhe des Bergs ein großes, ziemlich dunkles Bauwerk in neugotischem Stil mit Türmen ausmachen. Dieses Gebäude hat schon mehr Ähnlichkeit mit dem im Roman, dem der Autor allerdings einen Garten voller Plastiken, zahllose Verzierungen an der Außenseite, gigantische Ausmaße und enorme höhlenartige Räume zugedacht hat. Ein Gebäude, das Geheimnisse birgt …

Die Häuser dieses Viertels sind, wie gesagt, nicht zu besichtigen.

Ich kannte das Haus, bevor es instand gesetzt wurde. Regelrecht baufällig war es. Es gehörte einer der reichsten Familien Barcelonas, den Macayas. Die Seitenstraße heißt übrigens auch Carrer de Romàn Macaya. Die Familie hatte bereits ein riesiges Haus am Passeig Sant Joan, in der Nähe der Diagonal. Eine Bank, La Caixa, hat es inzwischen gekauft. Es wird jetzt für Ausstellungen genutzt. Als das Geld knapp wurde, haben sie beschlossen, ein etwas bescheideneres Haus außerhalb der Stadt zu bauen. So also kann Bescheidenheit aussehen!

Der Eishauch des Gewitters verschleierte grau die gespenstischen Konturen von Palästen und Villen. Unter ihnen erhob sich inmitten der gezausten Bäume einsam der dunkle Turm des Aldaya-Hauses. Ich strich mir die klatschnassen Haare aus den Augen und lief los, quer über die menschenleere Avenida zu ihm hinüber.

Das Türchen im Gittertor wiegte sich im Wind. Auf der anderen Seite schlängelte sich eine schmaler Weg zur Villa hinauf. Ich schlüpfte durch das Türchen auf das Grundstück. Zwischen dem Unkraut erahnte man die Sockel roh entthronter Statuen. Als ich mich dem Haus näherte, sah ich, daß eine von ihnen, ein Engel der Läuterung, zuoberst im Park verloren in einem Bassin lag. Unter der jetzt überfließenden Wasseroberfläche glitzerte die schwärzliche Gestalt geisterhaft. Die Hand des Feuerengels ragte aus dem Wasser; ein anklagender Zeigefinger, spitz wie ein Bajonett, wies auf den Haupteingang. Die gearbeitete Eichentür war angelehnt. Ich stieß sie auf und wagte mich ein paar Schritte in eine höhlenartige Vorhalle hinein. Die Wände schienen unter der Berührung einer Kerze zu schwanken.

Es ist allerdings möglich, einige der palastartigen Bauwerke im Zentrum der Stadt zu besuchen. Die Reichtümer, die mit altem und neuem Geld um die Jahrhundertwende angeschafft wurden, und der Luxus und Überfluß, in dem diese Familien lebten, sind dort sehr anschaulich.

Sarrià-St. Gervasi

Collegi Sant Ignasi

Man würde vielleicht erwarten, daß das berühmte Collegi de les Teresianes (dessen rechten Flügel Gaudí entworfen hat) als Vorbild für Carlos Ruiz Zafóns Entwurf der San-Gabriel-Schule gedient hat, doch in Wirklichkeit stand dabei das Collegi Sant Ignasi im Sarrià-Viertel Modell. Carlos Ruiz Zafón ging hier selbst jahrelang zur Schule, und er hat verschiedene Elemente des Collegi in den Roman eingebaut.

Die Sant-Ignasi-Schule wurde 1895 von den Jesuiten gegründet und beherbergt heute noch immer eine Schule. Auch in der Realität zieht das rote Backsteingebäude die Aufmerksamkeit auf sich, vielleicht weil die Umgebung doch etwas karger ist als im Buch beschrieben. Der Spielplatz und die Sportplätze sind betoniert – also gibt es viel Grau und wenig Grün. Der Brunnen auf dem Platz vor dem Eingang diente als Vorlage,

Ich ging auf die San-Ignacio-Schule. Morgens fuhr ich mit dem Bus hin. Meine Eltern wohnten in der Nähe der Sagrada Família, dort bin ich aufgewachsen. Meine Schule lag also an einem ganz anderen Ende der Stadt. Mittags lief ich den ganzen Weg zurück, ein großes Stück davon auf der Calle València. Das dauerte ungefähr eine Stunde.

Collegi Sant Ignasi, alias San-Gabriel-Schule – ein imposantes Gebäude

aber Carlos Ruiz Zafón zufolge steht in der Schule im Roman alles dichter beieinander, um das fiktive Gebäude herum ist es grüner, mysteriöser, es gibt schmale Treppenaufgänge, die zu den Türmen führen, und drinnen und draußen mehr Verstecke.

Carrasco i Formiguera, 32,
www.stignasi.es

Der Schutzheilige Sant Ignasi

Die San-Gabriel-Schule erhob sich baumumstanden am oberen Ende einer engen Straße, die sich von der Bonanova heraufschlängelte. Die mit dolchförmigen Fenstern gespickte Fassade betonte das Profil eines gotischen Palastes aus rotem Backstein und schien zwischen Bogen und Türmen zu schweben, die in kathedralähnlichen Grannen über die Wipfel der Platanen aufragten. Wir stiegen aus und betraten einen dichtbewachsenen Garten voller Brunnen, aus denen sich verrostete Putten erhoben, und durchflochten von steinernen Pfaden, die zwischen den Bäumen hinanführten. (...)

»Obwohl sie Ihnen jetzt wie Rasputins Mausoleum erscheinen mag, war die San-Gabriel-Schule seinerzeit eines der angesehensten und exklusivsten Institute von ganz Barcelona. In den Zeiten der Republik ist sie heruntergekommen, denn die damaligen Neureichen, die neuen Industriellen und Bankiers, deren Sprößlingen man jahrelang einen Platz verweigert hatte, weil ihre Namen nach neu rochen, beschlossen, ihre eigenen Schulen zu gründen, wo man sie respektvoll behandelte und wo sie ihrerseits anderer Leute Kindern einen Platz verweigern konnten. (...)

In ihren guten Zeiten, also mehr oder weniger zwischen 1880 und 1930, nahm die San-Gabriel-Schule die Crème de la crème der verwöhnten Kinder aus altem Adel und mit klingender Börse auf. Die Aldayas und Konsorten kamen als Internatsschüler an diesen düsteren Ort, um sich mit ihresgleichen zu verbrüdern, die Messe zu hören und Geschichte zu lernen, damit sie sie auf diese Weise ad nauseam wiederholen konnten.«

Montjuïc

Castell de Montjuïc

Das Kastell, ein Fort aus dem 18. Jahrhundert, ist gegenwärtig der Standort des Militärmuseums, in dem sich alles um Kriegsführung dreht: Waffen aller Art, Folterinstrumente, Rüstungen. Wer erwartet, daß hier auch der ermordeten und gefolterten Opfer des Spanischen Bürgerkriegs gedacht wird, wird enttäuscht sein.

Der Montjuïc ist im Gegensatz zum Rest der Stadt kein Ort, an dem viel gebaut wurde, da es dort zu wenig Wasser gab. Vielleicht hat aber auch das düstere Fort dazu beigetragen, daß dieser Teil des Montjuïc nie eine wirkliche Attraktion geworden ist. Erst nach dem Bau des Sportkomplexes für die Olympischen Spiele 1992 erhielt das Gebiet neue Impulse.

An der Nordseite sind sehr wohl einige interessante Orte zu finden. Entlang der Avinguda Reina Maria Cristina stehen die Messehallen, das Gebiet südlich davon war die Bühne für die Weltausstellung 1929. Dort findet man auch den Poble Espanyol, den Pavelló Mies van der Rohe, den Palau Nacional de Montjuïc und die Fundació Joan Miró.

Das Militärmuseum bietet von der Terrasse aus einen herrlichen Blick über die Innenstadt und das Hafengebiet. Die Bewohner Barcelonas dachten früher aber kaum daran, von hier aus die Aussicht zu genießen, für sie stellte der Berg eher eine Bedrohung dar.

»Im Krieg – stimmt es, daß man da Leute ins Kastell des Montjuïc gebracht hat, die man dann nie mehr sah?« (...)

»In Zeiten des Krieges geschieht vieles, was schwer zu erklären ist, Daniel. Oft weiß ich auch nicht, was es wirklich zu bedeuten hat. Manchmal läßt man die Dinge besser, wie sie sind. (...) Vor ihrem Tod hat mir deine Mutter das Versprechen abgenommen, mit dir nie über den Krieg zu reden und nicht zuzulassen, daß du dich an irgend etwas erinnerst, was geschehen ist. (...) Manchmal denke ich, es war ein Fehler, auf sie zu hören. Ich weiß es nicht.«

»Ist ja egal, Papa (...).«

»Nein, es ist nicht egal, Daniel. Nach einem Krieg ist nichts egal. Und ja – es stimmt, daß viele Leute in dieses Kastell hineingegangen und nie wieder herausgekommen sind.«

Mit der Seilbahn zum Montjuïc

Poble Espanyol

Josep Puig i Cadafalch hatte für die Weltausstellung die Idee, alles, was typisch ist für Spanien, in einem Dorf zu versammeln. Daraus entstand der Poble Espanyol (obwohl der spanische Begriff *Pueblo Español* hier vielleicht angebrachter wäre). Das Freiluftmuseum zeigt viele Gebäude verschiedenster architektonischer Stilrichtungen, Kunsthandwerkprodukte, Restaurants, Geschäfte und eine Diskothek. Abhängig von Tageszeit und Saison kann es eine ziemliche Touristenfalle sein, aber um Spanien komprimiert in einer Nußschale zu besichtigen, eignet es sich hervorragend.

Avinguda del Marquès de Comillas, 13,
www.poble-espanyol.com

Font Màgica

Bei der Plaça Espanya, in Richtung des Palau Nacional laufend, befinden sich die beleuchteten Springbrunnen, deren Fontänen während der Sommersaison regelmäßig »Choreographien« mit Musikuntermalung vorführen, was große Touristenschwärme anzieht. Aber in den sehr warmen Sommernächten ist es sicher keine schlechte Idee, eine Weile das schäumende, schillernde Wasser zu betrachten und ein paar Spritzer aufzufangen, während eine leichte Brise weht.

Avinguda Reina Maria Cristina

Die Stadt war immer von Stadtmauern eingeschlossen. Und immer wieder wurde sie vom Fort auf dem Montjuïc und der Zitadelle, die sich an der Stelle des heutigen Parc de la Cituadella befand, in den militärischen Würgegriff genommen. Jedesmal, wenn ein Aufstand drohte, wurde ein Teil der Stadt bombardiert und wieder ein Viertel dem Erdboden gleichgemacht. Und das war von zwei Seiten her möglich.

Vor dem Friedhofseingang stieg ich aus. Eine Zypressenallee erhob sich im Dunst. Sogar von hier aus, zu Füßen des Hügels, erkannte man die unendliche Totenstadt, die immer weiter den Hang hinaufgewachsen war, bis sie die Kuppe überschritten hatte. Ein Labyrinth aus Gräbern, Grabsteinen, monumentalen Mausoleen, von Feuerengeln gekrönten Türmen, bemoosten Steinstatuen, die im Morast versanken. Ich atmete tief durch und ging hinein. Meine Mutter war etwa hundert Meter von diesem Weg entfernt begraben. Bei jedem Schritt spürte ich die Kälte dieses Ortes, den Schrecken der in vergilbten Fotomedaillons zwischen Kerzen und verwelkten Blumen festgehaltenen Gesichter.

Pavelló Mies van der Rohe

Während sich so ziemlich jeder, der etwas für die Weltausstellung von 1929 entwarf, mit der Renaissance beschäftigte, ließ Mies van der Rohe mit seinem deutschen Pavillon ein Gebäude errichten, das, ganz im Bauhausstil, klar, einfach und funktionell war. Nach der Ausstellung wurde es abgerissen, später jedoch rekonstruiert. Eine Stiftung für moderne Architektur und Stadtplanung organisiert hier Kongresse, Ausstellungen und Workshops.

Avinguda del Marquès de Comillas, www.miesbcn.com

Caixa Forum

La Caixa, eine der größten Banken Kataloniens, hat dieses Museum für moderne Kunst finanziert, das in der Casarramona untergebracht ist. Das kunstvolle Gebäude, das von Josep Puig i Cadafalch entworfen wurde, war ursprünglich eine Textilfabrik.

Avinguda del Marquès de Comillas, 6-8

Palau Nacional de Montjuïc (Museu Nacional d'Art de Catalunya – MNAC)

Mit diesem wunderschönen Gebäude präsentierte sich Spanien auf der Weltausstellung. Jetzt ist hier Kunst aus tausend Jahren Katalonien untergebracht. Die romanische und gotische Kunst spielen eine wichtige Rolle, aber es gibt auch Räume für Barock und Renaissance, Modernisme, Noucentisme und Avantgarde-Kunst.

Parc de Montjuïc, www.mnac.es

Fundació Joan Miró

1972 gründete Miró (1893–1983) selbst die Stiftung als Museum für seine Werke und als Stu-

dienzentrum für Gegenwartskunst. Lluís Sert hat das weiße Gebäude entworfen, in dem in verschiedenen Räumen und auf der Dachterrasse eine Übersicht des vielumfassenden Œuvres des Künstlers geboten wird. Bietet auch Wechselausstellungen zeitgenössischer Künstler.
Parc de Montjuïc,
www.bcn.fjmiro.es

Friedhöfe

Die Friedhöfe Barcelonas sind nicht nur interessant, weil in *Der Schatten des Windes* über die Beerdigung Nurias berichtet wird, sondern auch, da die Steinfiguren etwas über die imaginäre Welt des Autors erzählen.
Für Nichtspanier mag die Art der Totenbestattung seltsam erscheinen: Die Friedhöfe haben für die gewöhnlichen Sterblichen Mauern mit Nischen, in die die Särge geschoben werden. Aus der Ferne ähneln sie Hochhäusern mit vielen kleinen Fenstern. Hinter den Glastürchen sind in Stein oder Marmor die Familiennamen eingemeißelt, oft stehen hier auch eingerahmte Fotos – Gesichter, die über die Zeit hinweg eingefroren scheinen oder kleine Kuscheltiere. Vor diesen Fenstern hängen oder stehen Blumen. Die Atmosphäre ist fast intim, und es befremdet ein wenig, an den vielen alten Fotos vorbeizugehen.
Ein gänzlich anderes Gefühl rufen die Bereiche hervor, in de-

Der Friedhof am Hang des Montjuïc

Letzte Ruhestätten

nen die reichen Familien ihre Grabdenkmäler und kleinen Mausoleen errichtet haben: Steinfiguren von Engeln, deren Finger zum Himmel weisen, Tiere, trauernde Jungfrauen, ominöse Marmorstandbilder mit Kapuzen, die das Gesicht verdecken ... Der Engel der Läuterung, der vergessen und verfallen in einem Bassin des einst so außerordentlichen Hauses in *Der Schatten des Windes* liegt, bekommt auf einmal Gestalt, wenn man die vielen düsteren Engel auf den Friedhöfen sieht. Auch der *gothic touch* von Nebelschleiern und dunklen Tümpeln erhält hier eine eigene Dimension. Ein Spaziergang über einen

Es wird hier allgemein angenommen, daß es in Barcelona viele Satanisten gibt und viele satanische Rituale ausgeführt werden. Es gibt auch viele Häuser, in denen es spuken soll, und andere schaudererregende Orte. Einer der gruseligsten Orte ist, wie ich finde, der Friedhof auf dem Montjuïc. Warum? Der alte Teil aus dem neunzehnten Jahrhundert steht voller Engel, Racheengel, Monster und Dämonen. Die Reichen machten mit ihrem ewigen Ruheplatz das gleiche wie mit ihren Häusern, in denen sie lebten. Die Sarkophage und Mausoleen haben enorme Ausmaße und sind aufwendig dekoriert. Eine echte Totenstadt.

Letzte Ruhestätten für Reiche

Friedhof bei grauem, nebligem Wetter ist ganz sicher eine gute Möglichkeit, einen Eindruck von Carlos Ruiz Zafóns Bilderwelt zu erhalten. Es scheint dann fast, als lösten sich die Figuren von ihren Sockeln und bewegten sich.

Der Cementeri de l'Est liegt noch recht nahe bei der Innenstadt, und ganz hinten befindet sich der Bereich mit den alten Gräbern. Viele streunende Katzen bevölkern den Friedhof, was zur Atmosphäre beiträgt. Dem Autor zufolge ist dies der schönste Friedhof der Stadt.

Weit mehr alte Gräber und Figuren findet man allerdings auf dem Cementiri del Sud-Oest, der von der Innenstadt aus gesehen auf der Rückseite des Montjuïc liegt. Hier findet die Beerdigung von Nuria statt. Dieser Friedhof ist allerdings schwieriger zu erreichen, da er am Rande eines Industriege-

Familienmausoleum

biets liegt. Ruhig und friedlich schlafen die Toten hier also nicht. Wer nicht vorhat, Stunden umherzugehen, kann am besten mit dem Taxi dorthin fahren und dann den Taxifahrer bitten, eine kleine Weile zu warten.

Cementiri de l'Est Poblenou, Carrer Taulat, 2
Cementiri del Sud-Oest, Carrer Mare de Déu de Port, 56

Die ursprüngliche Idee war, nicht nur einen Roman, sondern eine Tetralogie zu schreiben. Die Teile sollten unabhängig voneinander zu lesen sein, eine Art fiktiven Raum schaffen, dessen Mittelpunkt der Friedhof der vergessenen Bücher ist. Ein Universum, das sich auf die Stadt gründet, wobei ich die historischen Epochen, die ich interessant finde, beleuchte. Ich hoffe, daß ich irgendwann alle Teile fertigstellen werde.

Wir warten mit Spannung darauf!

Praktische Informationen

Touristeninformation

An verschiedenen Standorten in der Stadt finden Sie Informationskioske oder Informationsstellen:

Plaça Catalunya, 17 (unterirdisch)
Das ist die Hauptstelle mit dem umfassendsten Service: Informationen über Sehenswürdigkeiten, Veranstaltungen, öffentliche Verkehrsmittel, Broschüren, Hotelreservierungen, Souvenirläden.
Hier befindet sich auch die Informationsstelle des Centre del Modernisme sowie ein Ticketautomat der Caixa Catalunya. Ein Service, den übrigens viele Banken bieten: An Automaten sind hier Karten für alle möglichen Veranstaltungen zu kaufen.
täglich 9-21 Uhr

Kleine Regenschirme schützen vor fettigem Haar

Plaça de Sant Jaume, Erdgeschoß des Rathauses, Ciutat, 2
Mo.-Fr. 9-20, Sa. 10-20, So. + Feiertage 10-14 Uhr

La Rambla, 115
täglich 9-21 Uhr

Kolumbusdenkmal,
Plaça Portal de la Pau
täglich 9-21 Uhr

Estació de Sants, Plaça dels Països Catalans
Mo.-Fr. 8-20,
Sa., So. + Feiertage 8-14,
Sommer täglich 8-20 Uhr

Flughafen, Terminals A + B
täglich 9-21 Uhr

Klima

Sehr günstige Monate für einen Besuch sind April, Mai, Juni und September aufgrund angenehmer Temperaturen und eines vielfältigen Kulturangebots. Juli und August können sehr heiß und schwül sein. August ist der traditionelle Ferienmonat der Spanier, daher sind Restaurants, Geschäfte, Museen oftmals geschlossen oder eingeschränkt geöffnet.

September und Oktober sind statistisch gesehen die Monate mit den meisten Niederschlägen.

Im Winter (November bis einschließlich Februar) ist es im allgemeinen nicht sehr kalt. In den Wochen vor Weihnachten finden viele Märkte und Veranstaltungen statt.

Reisedokumente

Gültiger Reisepaß oder für EU-Bürger ein gültiger Personalausweis.

Zeitzone

Mitteleuropäische Zeit, einschließlich Sommer- und Winterzeit.

Taxi

Taxis sind in Barcelona ein gutes Verkehrsmittel, da sie recht günstig sind. Die 11.000 Taxis sind schwarzgelb. In der Innenstadt und bei touristischen Attraktionen braucht man nie lange auf ein freies Taxi (das am grünen Licht auf dem Dach erkennbar ist) zu warten.

Es gibt einen Tarif, der tags über, und einen, der nachts und sonntags gilt. Extrakosten kommen für die Fahrt vom und zum Flughafen und für das Gepäck hinzu.

www.taxibarcelona.com

Geheimnisvolles Schattenspiel an der Santa Maria del Mar

Öffentliche Verkehrsmittel

Transports Metropolitans de Barcelona (TMB)

Barcelona hat ein weitreichendes U-Bahn- und Busnetz, mit dem alle wichtigen Orte gut zu erreichen sind. Außer den normalen Linien gibt es für Touristen zwei spezielle Buslinien (Bus Turístic) mit Doppeldekkerbussen, die alle wichtigen Sehenswürdigkeiten anfahren. Man kann jederzeit aussteigen und mit einem späteren Bus weiterfahren.

Ausreichend Flaschenöffner im El Xampanyet

Einzelfahrscheine, Mehrfahrtenscheine und Mehrtageskarten erhält man an Automaten, an Kiosken, in Tabakläden und an den Schaltern der U-Bahnstationen und Bahnhöfe.

TMB-Stellen:
Universitat: Mo.-Fr. 8-20 Uhr
La Sagrada Família:
Mo.-Fr. 7-21 Uhr
Diagonal: Mo.-Fr. 8-20 Uhr
(Fundsachen)
Estació de Sants: Mo.-Fr. 7-21, Sa. 9-19, So. + Feiertage 9-14 Uhr
www.tmb.net

Flughäfen

Der offizielle Flughafen Barcelonas heißt El Prat. Einige billigere Gesellschaften fliegen nach Girona. Von dort sind es noch knapp zwei Stunden mit dem Zug nach Barcelona.

Kriminalität

Barcelona ist so sicher oder unsicher wie andere europäische Großstädte. Vor allem an vielbesuchten touristischen Orten heißt es Vorsicht wahren. Nehmen Sie nur das Nötige mit und verwahren Sie es sicher auf, meiden Sie allzu große Menschenaufläufe und Hütchenspiele oder ähnliches.

Kleidung in Kirchen

Offiziell sollten Arme und Beine beim Besuch einer Kirche bedeckt sein. Oft wird das jedoch nicht sehr streng gehandhabt.

Traditionelle barcelonesische Küche im 7 Portes

Trinkgelder

Trinkgelder sind gewöhnlich nicht sehr hoch, aber das hängt natürlich auch davon ab, wie zufrieden man mit dem Service ist.

Bei den Konditoren Barcelonas ist Genuß angesagt

Öffnungszeiten

Traditionell wird mittags eine Siesta gehalten, das heißt zwischen 13.30 und 16/17 Uhr wird ausgiebig gegessen und geruht. Diese Tradition wird allerdings in stets größerem Umfang ausgehöhlt.

Banken

Die meisten Banken haben vormittags bis 14 Uhr geöffnet.

Geschäfte

Viele Geschäfte schließen gegen 13.30/14 Uhr und sind nach der Siesta ab 16/17 Uhr wieder geöffnet bis ca. 21 Uhr. Die Filialen großer Ketten sind vor al-

Gemütliche Begegnungen im Cafè de les Delícies

lem an touristischen Orten durchgehend geöffnet. Viele Geschäfte sind auch an Sonntagen geöffnet.

Restaurants

Mittags wird zwischen 13 und 16 Uhr in Restaurants gegessen, das Mittagessen kann recht ausgedehnt sein. Danach schließen die meisten Restaurants und öffnen wieder gegen 21 Uhr. Wer früher Hunger hat, kann eine Tapas-Bar aufsuchen, um vorab schon mal ein paar Häppchen zu sich zu nehmen.

Museen

Jedes Museum hat seine eigenen Öffnungszeiten, daher sollte man sich im voraus informieren.

Broschüren

Da dieses Buch sich zum großen Teil auf Schauplätze aus *Der Schatten des Windes* bezieht, kann nicht jede touristisch interessante Information gegeben werden. Es ist daher ratsam, sich zu Beginn eines Barcelonabesuchs bei der Touristeninformation einen Stadtplan sowie Broschüren zu besorgen, in denen alle wichtigen Informationen aufgelistet sind. Die meisten Broschüren sind gratis erhältlich. Hier eine Auswahl:

Barcelona plano official

Dieser ausführliche und übersichtliche Stadtplan kostet 1 Euro; damit kann man alle Schauplätze des Buches (einschließlich Sarrià-Viertel und Tibidabo) finden.

See Barcelona (englisch)
Hierin sind alle wichtigen Informationen gesammelt. Sehenswürdigkeiten werden sehr deutlich auf den Detailkarten angegeben und kurz beschrieben.

What's on Barcelona (englisch)
Auch hier findet man alle wichtigen Informationen über das, was in der Stadt zu sehen und zu tun ist.

Metropolitan Barcelona (englisch)
Stadtzeitschrift für englischsprachige Bewohner und Besucher.

Guía del ocio (spanisch)
Wöchentlicher Führer, in dem Veranstaltungen, Kunst, Theater, Kinos, aber auch Restaurants, Bars, Nachtclubs usw. aufgeführt sind. Nur etwa drei der 180 Seiten sind auf englisch.

Teatre (spanisch)
Informationen über alle Theater.

b guided (spanisch, englisch)
Zeitschrift für Mode, Kunst, Design und Nachtleben.

Ab-magazine (spanisch)
Seit Jahren die Trendzeitschrift.

Interessante Websites

www.barcelonaturisme.com
Offizielle Webseite der Touristeninformation. Viele und nützliche Informationen, wenn auch nicht immer logisch strukturiert.

www.bcn.es
Webseite der Stadt Barcelona für Bewohner und Touristen. Viele praktische Infos wie Öffnungszeiten, wichtige Telefonnummern und ähnliches.

www.tmb.net
Ausführliche Webseite über den öffentlichen Verkehr, bietet zusätzlich touristische Routenbeschreibungen, Routenplaner, Fahrpläne, Karte mit Bus- und U-Bahnlinien.

www.webarcelona.com
Touristische Informationen über die Stadt von Time Out online.

www.catalanencyclopaedia.com
Enzyklopädie für Suchbegriffe zu Katalonien.

www.gencat.net
Allgemeine Webseite der Generalitat de Catalunya über Katalonien.

www.photoguide.to/barcelona
Um schon mal ins Schwärmen zu kommen.

www.rutadelmodernisme.com
Informationen des Centre del Modernisme über interessante Orte und verschiedene angebotene Spaziergänge.

www.bcinternet.com
Webseite mit ausführlichen touristischen Informationen.

www.bcn-nightlife.com
Alles über das Nachtleben in der Stadt.

www.gaudiallgaudi.com
Sehr ausführliche Seite über Gaudí und den katalanischen Jugendstil. Sehr empfehlenswert.

www.gaudiclub.com
Ausführliche Seite von Gaudí-Enthusiasten über das Lebenswerk des Künstlers.

www.tvcatalunya.com/historiesdectalunya
Beschreibungen der katalanischen Geschichte auf der Basis einer TV-Serie zu diesem Thema. Nur katalanisch.

Hotels

Eine kleine, persönliche Auswahl von Low Budget bis Fünf-Sterne-Hotel:

Roma Reial Hotel, Plaça Reial, 11
www.tripadvisor.com

H10 Raco del Pi, Carrer del Pi
www.tripadvisor.com

Hotel Banys Orientals, Carrer de l'Argenteria
www.hotelbanysorientals.com

Hotel Nouvel, Carrer de Santa Anna, 20
www.hotels.com

Hotel Avenida Palace, Gran Via de les Corts Catalanes, 605-607
www.avenidapalace.com

Hotel Pau Claris, Carrer de Pau Claris, 150
www.derbyhotels.es

Hotel Majestic, Passeig de Gràcia, 68
www.hotelmajestic.es

Hotel Casa Fuster, Passeig de Gràcia, 132
www.hotelescenter.es;
www.hotelcasafuster.com

Literaturhinweise

Barcelona. Ein Reisebegleiter.
Von Michi Strausfeld. Mit farbigen Fotografien, Stadtplänen und einem Originalbeitrag von Carlos Ruiz Zafón. Insel Verlag, Frankfurt am Main 2007.
Auf den Spuren großer Autoren führt dieser Band auf zehn Spaziergängen durch die Stadt und ermöglicht dabei so manchen Blick hinter die Kulissen.

Dalís Katalonien. Ein Reisebegleiter.
Von Herbert Genzmer. Mit farbigen Fotografien. Insel Verlag, Frankfurt am Main 2004.
Dieser literarische Reisebegleiter zeichnet die Wege Salvador Dalís zu den schönsten Orten und Landschaften seiner Heimat Katalonien nach und gewährt Einblicke in Kultur, Literatur und Kunst des Landes.

Katalonien. Ein Reisebegleiter.
Von Andreas Drouve. Mit farbigen Fotografien. Insel Verlag, Frankfurt am Main 2007.
Erkunden Sie mit Walter Benjamin, Kurt Tucholsky, George Orwell, Mercè Rodoreda, Eduardo Mendoza, Carlos Ruiz Zafón und anderen diese legendenreiche Region zwischen Bergen und Mittelmeer.

Cristina und Eduardo Mendoza: Barcelona. Eine Stadt erfindet die Moderne.
Aus dem Spanischen von Peter Schwaar. Mit zahlreichen Abbildungen. Insel Verlag, Frankfurt am Main 2006.
Die beiden gebürtigen Barcelonesen erzählen in ihrem Buch von der »unspanischsten Stadt Spaniens« und jener umwalzenden Epoche des Modernisme, der zu Beginn des 20. Jahrhunderts die Kultur, die Architektur und das gesellschaftliche Leben Barcelonas bestimmte und bis heute entscheidend beeinflußt.

Eduardo Mendoza: Die Stadt der Wunder.
Roman. Aus dem Spanischen von Peter Schwaar. Suhrkamp Verlag, Frankfurt am Main 1989.
Barcelona fiebert im Rausch der ersten Weltausstellung, und dem jungen Onofre Bouvila, mittellos, aber voller Ideen, kommt die Aufbruchstimmung gerade recht. In der »Stadt der Wunder« gelingt ihm ein beispielloser Aufstieg, den weder die gute Gesellschaft noch die Unterwelt aufhalten können.

Mercè Rodoreda:
Auf der Plaça del Diamant.
Roman. Aus dem Katalanischen von Hans Weiss. Suhrkamp Verlag, Frankfurt am Main 1979 (neue Auflage 2007).
Die katalanische Autorin erzählt die bezaubernde und zugleich bedrückende Geschichte der Barcelonesin Colometa, ihrer Liebe und Ehe in den einfachsten Verhältnissen, dem Bürgerkrieg, der alles zerstört, und einem neuen Anfang.

Carlos Ruiz Zafón:
Der Schatten des Windes.
Roman. Aus dem Spanischen von Peter Schwaar. Suhrkamp Verlag, Frankfurt am Main 2005 und Insel Verlag, Frankfurt am Main 2006 (gebundene Sonderausgabe).
Der faszinierende Roman erzählt die Geschichte Daniel Semperes, dessen Welt aus den Fugen gerät, als er den Friedhof der vergessenen Bücher betritt und sein Schicksal sich fortan mit dem eines geheimnisvollen Buches verknüpft. Vor dem Hintergrund des mysteriösen, düsteren Barcelona der Franco-Zeit entwickelt sich dieser fesselnde und phantasievolle Roman, der den Leser nicht mehr losläßt.

Robert Hughes: Barcelona.
Harvill Press. London 2001 (in englischer Sprache).
Auf fast 600 Seiten stellt der Autor informativ und spannend Politik, Geschichte und Kultur Barcelonas dar. Empfehlenswert für alle, die mehr wissen wollen.